AGIT® plus
Rascher Auftrieb
für Hypotoniker

ein Ullstein Buch
Nr. 20547
im Verlag Ullstein GmbH,
Frankfurt/M - Berlin

Originalausgabe

Umschlagentwurf:
Hansbernd Lindemann
unter Verwendung einer Zeichnung
von Luis Murschetz

Printed in Germany 1986
Gesamtherstellung:
Elsnerdruck, Berlin
ISBN 3 548 20547 X

CIP-Kurztitelaufnahme
der Deutschen Bibliothek

Vogt, Dieter:
Himmel, wo ist die Erde?:
Reportagen aus der Luft / Dieter Vogt.
Mit Zeichn. von Luis Murschetz.
- Orig.-Ausg. -
Frankfurt/M; Berlin: Ullstein, 1985.
(Ullstein-Buch; Nr. 20547)
ISBN 3-548-20547-X

NE: GT

Wir danken dem Diogenes Verlag für die freundliche Genehmigung zum Abdruck der Zeichnungen auf den Seiten 3, 25, 37, 83, 101, 127 und 161 aus Luis Murschetz, »Wir sitzen alle im gleichen Boot«

Dieter Vogt

Himmel, wo ist die Erde?

Reportagen aus der Luft

Mit Zeichnungen von Luis Murschetz

ein Ullstein Buch

Dem Flieger Fabian
und der nicht schwindelfreien Nina
gewidmet

Inhalt

Auf den großen Luftstraßen

Die Zeitmaschine

Hinter der Schallmauer

Reißt nur die Klassenschranken ein, es führt zu nichts, sie wachsen nach, es gibt schon wieder eine neue Klasse! Der Taxifahrer in Frankfurt ahnt noch nichts. Gepäck und Trinkgeld wägend, muffelt er den Fahrgast an, als sei der irgendwer. Doch die Ground-hostess am Flughafen ist eingeweiht. Sie verwandelt sich in ein einziges Lächeln, als sie das diskrete *R* im Ticket entdeckt. Fast wird er auf Händen zum Flugzeug getragen, fast wird er in Champagner ertränkt, und wenn es auch eine uralte, wahrscheinlich noch mit Dampf betriebene Caravelle ist, die ihn nach Paris bringt, so steht er doch schon eine Stunde später im großen Luftpalast von Charles de Gaulle oder König Minos, geht durch gläserne Gänge und verirrt sich prompt, vom Service noch benebelt, wird aber wieder aufgegriffen, mit einem neuen Glas getröstet, auf das rechte Transportband gestellt und in letzter Sekunde durch die offene Tür des startbereiten Luxusliners geschoben. Wünschen Sie ein Glas Champagner?

Paris-Roissy, tiefer Himmel, Schnee in der Luft und tausend Lichter am Boden. Obwohl sie hier zu Hause ist und seit 1976 täglich ihre Repertoirevorstellungen gibt, scheint immer noch der ganze Flughafen den Atem anzuhalten, wenn Ihre Majestät, die Concorde, auf hohen, dünnen Spinnenbeinen zur Startbahn stolziert. Freitag abend, zehn nach acht, nimmt sie Anlauf. Auf vierfachem Feuerstrahl schwingt sie sich aus Europa hinaus auf den Atlantik, den jetzt in der Dunkelheit nur noch die Phantasie wahrnehmen kann.

Der Atlantik ist nicht breiter, als ein französisches Diner lang ist. In der Kabine schweben schön und hilfreich Stewardessen. Sie servieren den Apéritif vor der Südküste Englands, den Digestif vor der Ostküste Amerikas. Der einstweilige Höhepunkt der Luftfahrt besteht darin, daß man auf dem Flug von Paris nach Washington gerade genug Zeit hat, iranischen Kaviar, Wachtel in

Gelee, Chateaubriand Alexandra und junges Gemüse in Butter zu verzehren. Geld macht nicht glücklich, aber ungeheuer schnell. Es ist so, als schiebe man seinen Sessel langsam über die Längengrade der Erdkugel hinweg. Zu hören ist nur das Pfeifen der Luft, auf Wunsch zusätzlich Mozart oder Haydn, Art Tatum oder eine böhmische Blaskapelle. Der doppeltschallgeschwinde Gast wird verhätschelt, als habe er soeben die Fluggesellschaft Air France aufgekauft.

Ein einziger Sitzplatz in der Concorde ist wirklich unbequem, vorn im Cockpit, hinter dem Kapitän, da darf sich anschnallen, wer berufen ist, der Mannschaft auf die Finger zu sehen oder wenigstens der neuen Zeit ins Angesicht zu blicken. – Pardon, Kollege Kisch, heute bin ich mal der schnellste Reporter der Welt. Zwar liegt der Notizblock schräg auf den Knien, zwar flitzt der Kugelschreiber nicht besser als sonst, zwar stolpert er wie üblich über querliegende Gedanken, die man sich zwischen Himmel und Erde so macht – aber während ich diesen einen Satz niederschreibe, rase ich mindestens fünfzehn Kilometer durch die Luft. Mit einem sehr langen Satz, etwa von Nietzsche, käme man sogar fünfzig Kilometer weit. Eingedenk der kurzen Flugzeit ist es also ratsam, in knappen Sätzen zu berichten, etwa fünf Kilometer lang.

Notizen hinter der Schallmauer. Vor mir erhebt sich der breite Rücken des Kapitäns Terry und verbaut den Blick nach vorn, den wir Journalisten so gern hätten. Zu sehen ist sowieso nichts, nur abgrundtiefe Nacht, denn der liebe Gott hat das Licht ausgeknipst und lediglich ein paar Sterne als Notbeleuchtung angelassen. Kapitän, Kopilot und Flugingenieur sitzen in einem schmalen, engen Gehäuse und haben nur so viel Bewegungsfreiheit, daß sie sich halb umdrehen und mich über die Schulter ansehen können. Ihre Gesichter bleiben im Halbdunkel, ich werde sie erst in Washington erkennen. Auf den Armaturen liegt kupferfarbenes Licht, traulich wie in einem Weihnachtszimmer.

Frage mich niemand, was im Kopf der Concorde vorgeht! Ich lese nur, was ich verstehe: 56 700 Fuß Höhe über dem Meeresspiegel, mehr als 17 000 Meter, die Schwanzflosse ragt schon ein bißchen in den Weltraum hinein. Der Fahrtmesser zeigt Mach 2.05 – umgerechnet 2150 Kilometer in der Stunde. Wir bewegen uns schneller, als die Erde sich dreht. Wären wir früher in Europa gestartet, könnten wir die versunkene Sonne wieder hervorholen und noch einmal aufgehen lassen (im Westen, im Westen!), könnten auf ihren letzten Strahlen zur amerikanischen Erde niedergleiten.

Schon liegt die Küste vor uns, New Jersey, unsichtbar, doch der Navigationscomputer riecht sie schon. Eher behutsam zieht der Kapitän die Schubhebel zurück, millimeterweise, so daß die Passagiere nichts merken, sie könnten sich ja verschlucken. Anderthalbfache Schallgeschwindigkeit. Draußen ist immer noch Stratosphäre; minus 55 Grad Celsius. Die Flugzeugnase, die durch Luftreibung eben noch 121 Grad heiß war, kühlt sich nun schnell ab. Der Bordingenieur setzt die Pumpen in Gang, die den Treibstoff von hinten nach vorn holen und die Concorde für den Unterschallflug austrimmen. Steuerbord glimmt wie ein fernes Licht die Stadt New York. Unendlich langsam nähern wir uns der Erde und ihren Bewohnern, die am frühen Freitagabend ihre letzten Einkäufe fürs Wochenende machen, zweieinhalb Stunden vor unserer Startzeit in Paris. Alle Uhren zurück! Es ist nicht kurz vor Mitternacht, als wir die Küstenlinie überfliegen, es ist erst halb sechs, denn wir sind der Sonne hinterhergerast und haben die Zeit geschlagen.

Vor knapp vier Stunden in Europa abgeschossen, gleitet der weiße Pfeil ins Ziel. Was da schimmernd unter uns liegt wie eine Amöbe unter dem Elektronenmikroskop, ist Baltimore. Mach 0,4. Was da leuchtend und blinkend vor uns liegt, ist die Landebahn des Flughafens Washington-Dulles, noch zwanzig Kilometer entfernt. Der Kopilot ist am Mikrophon, der Kapitän am Ruder. In 5000 Fuß Höhe betätigt er den Hebel, der das spitze Visier der Concorde herunterklappt und die Sicht vollends freigibt. Das Rauschen der Luftströmung schwillt an. Wenn ich dem Kapitän Terry jetzt noch Fragen stelle, wird er sich nicht einmal mehr halb herumdrehen, er wird mich keines Wortes mehr würdigen, denn jetzt ist jede Ablenkung gefährlich, und ich weiß es und halte den Mund. Die Concorde, die nicht nur das teuerste, schnellste und schönste, sondern auch das komplizierteste Linienflugzeug aller Zeiten ist, braucht für die Landung eine ebenso feste wie zarte Hand.

Mit knapp 400 Kilometer pro Stunde rauscht sie im Sinkflug auf die Piste zu. Schräg in der Luft hängend wie ein Drachen, mit einem ungeheuer großen Anstellwinkel, sinkt sie hinab, immer noch lenkbar, trotz verwirbelter, abgerissener Luftströmung. Die perfekte Automatik moderner Großflugzeuge mag die Piloten einschläfern, doch vor der Landung werden sie hellwach. Der Kopilot redet aufgezogen wie ein Uhrwerk auf den Kapitän ein: hundert Meter Höhe, jetzt achtzig, fünfzig, dreißig. Und Terry nickt jedesmal, umklammert die Steuersäule, die oben, wo man sie anfaßt, wie ein Fahrradlenker aussieht, und setzt den Riesenapparat vorsichtig in Washington ab. Die Concorde ist achtzig Tonnen leichter geworden und dennoch einhundert Tonnen schwer.

Als das Fahrwerk den Boden berührt, fliegt das himmelwärts gereckte Cockpit immer noch dreißig Meter hoch. Die Landescheinwerfer projizieren den Schatten der abgesenkten Bugnase auf die Betonbahn – wir sind da. Was Schatten wirft, ist wirklich. Der blaßblaue Schimmer am westlichen Horizont erinnert an den dahingegangenen Tag, den wir beinahe überholt hätten. Der Mond steht flach über Virginia. Das war's, sagt erleichtert und wie nebenbei der Kapitän. Europas Weltwunder Concorde rollt in der Dunkelheit unbeachtet zum Abstellplatz, die Türen öffnen sich, ich steige benommen aus und denke: Das war's?

Es war ein Flug wie jeder andere – allerdings bin ich viel zu früh in Washington und kann in aller Ruhe die gewonnene Zeit durchbringen. Die Schallmauer ist auch nicht mehr, was sie einmal war, das sagen alle. Gern hätte ich geschrieben: Jetzt ist es soweit, das Flugzeug schüttelt sich und seine Passagiere, der Donner rollt, Blitze zucken ... (oder so ähnlich), dann Stille, und hinter uns bleibt die gefürchtete Schallmauer zurück, durchbrochen. Aber nichts davon. Die Concorde rutscht wie durch Butter in den Überschallbereich. Perfide Technik: je größer die Sprünge, die wir machen, desto kleiner die Erlebnisse. Und vielleicht ist die Schallmauer auch nur ein Gerücht wie der Äquator.

Die Concorde hat sich den Himmel erobert, aber nicht die Erde, sie wird bewundert und verteufelt wie eine gefährliche Schönheit, für die nur Heiligsprechung oder Scheiterhaufen in Frage kommt. Geschwindigkeit ist Hexerei. Als die Eisenbahn erfunden wurde, machten sich die Leute Sorgen, ob sie nicht bei vierzig Kilometer in der Stunde an Atemnot sterben würden. Jetzt schaffen wir vierzig Kilometer in einer Minute. In diesem Flugzeug steckt mehr Wissenschaft als in den Pyramiden oder im gesamten Hamburger Hafen. Ein Jahrhundertereignis, das zur falschen Zeit stattfindet. Gegen die Schallmauer gebaut, rennt die Concorde nun auf einmal gegen Barrieren, von denen die Flugzeugkonstrukteure noch nichts wußten. Gegen ökonomische und ökologische Mauern versagt die Aerodynamik.

Der Mach-2-Passagier, der jener neuen Klasse angehört, die den unendlichen Ozean bezwingt, ohne ihn überhaupt gesehen zu haben – verwirrt betritt er Amerika. Der schwarze Taxifahrer muffelt ihn an, als sei er mit einem dieser alten Seelenverkäufer von Convair oder Lockheed dahergekommen.

»Der rechte Flügel wackelt!«

Als Steward unterwegs

Der Morgenverkehr quält sich aus der Innenstadt hinaus (langsam wie Zahnpasta aus der Tube), und mein Taxifahrer stellt verfängliche Fragen. Ganz schöne Gewitterfront dahinten über dem Taunus, frag mich immer, wie ihr mit so was fertig werdet. Schon mal einen Blitzschlag im Flugzeug gehabt? Im Fond des Mercedes sitzend, blaue Uniform, weißes Hemd, ordentlich geputzte Schuhe, muß ich im Namen der Deutschen Lufthansa Rede und Antwort stehen, ehe ich noch meinen Dienst angetreten habe. Tja, also, da haben wir ja nun das Radar. Und das Wetter in zehntausend Meter Höhe? Nicht der Rede wert, sage ich, da oben gibt's fast gar kein Wetter mehr, da ist immer blauer Himmel. Wie weit wir mit den Blindlandungen sind? O ja, es wird daran gearbeitet, wenn man auch einschränkend sagen muß ...

Über Stewardessen wird viel geschrieben, über Stewards fast nichts. Oder hat man je gelesen, ein glücklicher Steward sei quasi im Fluge von einer alternden Millionärin weggeheiratet worden? Der Beruf des Flugbegleiters ist einer der wenigen, in denen Mann und Frau gleiche Startbedingungen, gleiche Ausbildung und gleiche Bezahlung vorfinden – ein Beruf mit deutlich weiblichem Übergewicht. Zu den schwierigsten Aufgaben der Stewardessen gehört es, die Blicke der männlichen Passagiere von ihren Beinen auf die Sauerstoffmaske in ihrer Hand zu lenken. Aber was liegt den hosentragenden Stewards ob? Es ist ganz logisch, daß ein Journalist einmal in die Hosenrolle des männlichen Flugbegleiters schlüpft, um zu erkunden, wie es der unterprivilegierten Minderheit am Rand der Stratosphäre ergeht.

Die Uniform sitzt tadellos. Als ich mich im Spiegel sah, fiel mir das Wort schneidig ein. (Diese dumme Illusion zieht sich übrigens durch die gesamte Militärgeschichte: eine Uniform sei der erste Schritt zur Persönlichkeit.) Die Schildmütze schief oder gerade? Ich habe gestern beim Kleiderempfang den Lufthansa-Schneider gefragt: Wie trägt man die Mütze? Er sagte: Meistens unter dem Arm. Der Taxifahrer, der mich zum Rhein-Main-Flughafen bringt, zählt mich mit größter Selbstverständlichkeit zu den Herren der Luft, zu den Männern, die in Böen und Jetstreams, in Unwettern und Turbulenzen zu Hause sind. »... wenn man bezüglich der Blindlandungen auch einschränkend sagen muß, daß bei aller Automatisierung der Mensch nicht zu ersetzen ist«, erkläre ich abschließend.

Auf der Lufthansa-Basis trifft sich die Crew zur Flugbesprechung: Kapitän, Kopilot und Bordingenieur, zwei Stewardessen, ein richtiger und ein falscher Steward. Wir stellen einander vor. Die Besatzungen werden für jeden Einsatz neu zusammengewürfelt, und manche Mitglieder der großen Fliegerfamilie lernen einander erst nach Jahren kennen. Der Kapitän (wie jung er noch ist!) skizziert den bevorstehenden Flug. Laut Wetterbericht wird es über Süddeutschland ein wenig bockig. Sonst noch Fragen? Wer macht die Kabinenansage? Fräulein M. kann am besten Italienisch. Der Flug LH 290 geht nach Rom, Start 9.55 Uhr Ortszeit in Frankfurt.

Ein Kleinbus bringt uns aufs Vorfeld, wo die Boeing 727, die hier im Regen übernachtet hat, für ihre erste Reise an diesem Tag vorbereitet wird. Sie vereinnahmt Sprit, Essenbehälter, Zeitungen und Fracht. Die Kabine mit den vielen Polstersitzen ist noch unbelebt und kühl – so, als liege noch Tau auf den Rückenlehnen und Armstützen. Im Gang laufen Helfer in Arbeitsanzügen herum. Der Steward überprüft den Inhalt der Bordküche, die Mädchen ordnen Zeitungsstapel, der Neuling steht ihnen überall im Weg und weiß nicht recht, wohin mit seinen Händen. Der Kapitän nimmt die Checkliste zur Hand und beginnt mit der schier endlosen Prozedur, die nötig ist, eine so komplizierte Maschine in Gang zu setzen. Um 9.45 Uhr ruft eine unserer Stewardessen: »Achtung, die Paxe kommen!«

Ich setze also die Schildmütze auf, plaziere mich, wie vorgeschrieben, am vorderen Eingang und stehe innerlich so gut wie stramm. Paxe sind Passagiere: das Wort ist eine zungenfreundliche Verballhornung aus dem Englischen. Siebzig Paxe nach Rom weist die Passagierliste aus. Ich sage etwa vierzigmal »guten Morgen«, teilweise gezielt, teilweise in die vorbeiströmende Menge hinein.

Wie schnell man sich als Repräsentant einer Firma fühlt! Die Leute merken natürlich nichts, sie stürzen sich sofort auf die Fensterplätze und gönnen dem vertrauenerweckenden Gesicht des Stewards (mit kleinen Schweißperlen bedeckt) kaum einen Blick. Die Dame mit den kleinen Kindern, bitte sehr, hier in der ersten Reihe, da haben Sie doch etwas mehr Platz! Darf ich Ihnen die Tasche abnehmen? Als die launigen, offenbar schlecht erzogenen Kinder zu quengeln anfangen, bin ich sofort zur Stelle und überreiche ihnen Holzspielzeug, das in einem der vielen geheimnisvollen Fächer der Bordküche bereitliegt. So erwirbt sich der gute Onkel von der Lufthansa als erstes das Wohlwollen der jüngsten Passagiere.

Einmal nicht Konsument, sondern Produzent von Service sein: Der Journalist, der die Kehrseite des komfortablen Luftreisens erleben will, gibt sich alle Mühe, »aufgeweckt« und »natürlich«, »aufgeschlossen« und grenzenlos »liebenswürdig« aufzutreten. Als ob er die siebenwöchige Grundausbildung durchgemacht hätte. (In Wahrheit sind Journalisten für diesen Job ungeeignet, weil es ihnen an gleichbleibender Liebenswürdigkeit mangelt.)

Türen zu, Triebwerke an, wünschen Sie eine Tageszeitung? Ich genieße das Privileg, in einem bereits rollenden Flugzeug nicht festgeschnallt zu sitzen, sondern frei herumzulaufen. »... und stellen Sie bitte zum Start Ihre Rückenlehnen senkrecht!« Die Boeing steht vibrierend am Startpunkt. Fräulein M. zieht mich auf das Notbänkchen an der hinteren Ausgangstür, und wir schnallen uns gerade noch rechtzeitig fest, bevor die Maschine mit Vollgas abzischt. Wir sitzen eng beieinander. So nah (muß ich zugeben) bin ich einer Stewardeß noch nie gekommen. Aber wir reden nicht darüber: Auch bei dieser Firma sind andere als dienstliche Kontakte unter den Angestellten unerwünscht. Um so schlimmer, daß man mich hier mit einer jungen Dame zusammenschnallt, die geeignet ist, meine hohen Berufsideale zu erschüttern. Halten wir fest: Der Beruf des Stewards ist nicht ohne Reiz. Die Boeing hebt ab, ohne daß ich einen Blick aus dem Fenster werfen kann. Abstraktes Flugerlebnis. Nachher, bei der Landung, wird die Sache freilich noch unwirklicher: Ich sehe nicht, wie das Flugzeug sich dem Boden nähert, und werde vom Stoß der aufsetzenden Räder völlig überrascht. Aber zunächst befinden wir uns im Steigflug. Wir lösen die Gurte und hangeln uns bergauf nach vorn in die Galley.

Cockpit und Kabine sind nun zwei völlig voneinander getrennte Welten. Unsere Aufgabe ist es, die Kabine hier hinten mit einem Hauch von Gemütlichkeit und Wohlbefinden zu erfüllen. Der echte Steward macht den Getränkewagen fertig. Ich teile Landekarten für Rom aus. Die zweite Stewardeß flüstert mir zu, die Blondine vorn in der ersten Klasse sei die berühmte Schauspielerin B. Mit zitternden Fingern serviere ich der berühmten Schauspielerin B. einen Sherry, und als mich ein junger Araber fragt, ob er mal ins Cockpit reinschauen dürfe, zucke ich gehörig zusammen. Au wei, denke ich, und sofort fallen mir sämtliche Luftzwischenfälle und Entführungen aus den letzten Jahren ein. Der Araber entpuppt sich als friedlicher Sizilianer, der sechs Jahre in der Luftwaffe seines Landes gedient hat und dem Kollegen Kapitän gern seine Aufwartung machen möchte.

Wir schieben unser Wägelchen durch den Gang, geben Getränke aus und verkaufen zollfreie Waren. Whisky, Zigaretten, Parfüm. Der Kollege ist für die Abrechnung verantwortlich. Ich reiche Zigarettenstangen in die Sitzreihen, kassiere Geld in vier Währungen, gebe ihm die Scheine, erhalte Wechselgeld und erweise mich als brauchbare Vermittlungsstelle. Der Wagen rückt zwei Sitzreihen weiter vor. Wünschen Sie zollfreie Waren einzukaufen? Nein, nur noch mit Filter. Scotch oder Bourbon?

Unablässig laufen wir in der Kabine hin und her – eine stramme Marschleistung. Als wir zum Anflug auf Rom ansetzen, wird mir bewußt, daß ich keinen einzigen Blick aus dem Fenster geworfen habe, daß ich beinahe ununterbrochen beschäftigt war und darüber etwas Wesentliches ganz vergessen habe: daß dieser Arbeitsplatz sich mit einer Geschwindigkeit von 900 Kilometer pro Stunde fortbewegt, daß er an zwei Flügeln hängt und von der Erde ziemlich weit weg ist. Man gebe dem Menschen nur irgendeine Arbeit, und er vergißt, was um ihn herum geschieht! Nur einmal während des Fluges (irgendwo über Süddeutschland) erinnert mich ein besorgter Passagier an das, was ist – er deutet mit dem Finger hinaus und sagt mit hoffnungsloser Stimme: »Herr Steward, der rechte Flügel wackelt!« Ich zucke freundlich die Achseln. Bis Rom wird er halten, mein Herr.

In Rom nur fünfzig Minuten Aufenthalt. Das Getriebe des internationalen Flughafens. Wie fern ist die Stadt! Putzfrauen, Männer in Overalls, neue Passagiere, Start um 12.35 Uhr. Zwischen Apennin und Alpen servieren wir das Mittagsmenü, das schon in Frankfurt angerichtet und in sozusagen keimfreier Plastikverpackung aufbewahrt wurde. Endlich eine Atempause. Während die Paxe in ihrer Menübox stochern, zapfen wir uns in der Galley einen schwarzen Kaffee und warten auf das Ende der Fütterung. Wir achten nicht darauf, ob einer alle Köstlichkeiten seiner Box ausschöpft oder ob er mangels Appetit die Mahlzeit nur anknabbert: sowie er den Deckel der Box schließt, steht ihr Schicksal unabänderlich fest. Sie wandert zum Müll. So streng sind hier die hygienischen Bräuche. Wegwerfen wird großgeschrieben. Die genialste Erfindung eines modernen Jetliners ist nicht der Autopilot, sondern jenes schwarze Loch in der Anrichte der Galley, worin jede Art von Abfall umgehend verschwindet. Der kleine Orkus schluckt Flaschen, Wegwerfbesteck, Servietten, halb ausgetrunkene Schnäpse samt Becher, Zigarettenschachteln und angebissene Brötchen. In neuntausend Meter Höhe gibt es kein Müllproblem. Was ein Passagier auch nur scharf angeblickt hat, gilt als gebraucht, und gebrauchte Sachen sind unbrauchbar.

In der Galley, in diesem Intimbereich der Crew, in den kein Fluggast hineinsehen kann, passiert dem Gast-Steward denn auch der einzige gravierende faux pas seiner kurzen Dienstzeit. Von mehreren gleichzeitig einlaufenden Bestellungen gehetzt, vergißt er alle guten Sitten und greift statt mit der Zange mit den Fingern zum Eiswürfel. Als er den Würfel ins Glas fallen läßt, trifft ihn der vorwurfsvolle, wenngleich verzeihende Augenaufschlag einer Stewardeß. Nobody is perfect. Der unbekannte Fluggast, der das Mißgeschick weder merkte noch schmeckte, sei nachträglich um Entschuldigung gebeten. Und überhaupt: Der Auftritt des falschen Stewards verläuft glatt – jedenfalls hat sich bis heute kein Passagier bei der Lufthansadirektion in Köln über einen unfähigen, lahmen, launischen oder sonstwie unmöglichen Steward beschwert. Bei reduziertem Luftdruck sind eben auch Journalisten recht ausgeglichen.

Landung in München. Die Bodenzeit beträgt vierzig Minuten, das reicht für eine Tasse Kaffee. Achtung, die Paxe kommen! Wieder nach Rom. Wünschen Sie eine Tageszeitung? Der alte Jammer: Bevor man einen Job richtig ausfüllen kann, hat man die Routine, die dafür nötig wäre. Wenn Sie bitte das schwere Gepäck unter Ihrem Sitz verstauen wollen. Danke! Englisch ist obligatorisch in diesem Beruf, und mit einer zweiten Fremdsprache sollte man einigermaßen zurechtkommen. Der Dienst über den Wolken dauert durchschnittlich siebzig Stunden im Monat, mal bei Tag, mal bei Nacht, werktags oder feiertags. Siebzig Stunden Passagierbetreuung, Etikette, »psychologisch geschicktes Verhalten«, Bereitsein für Zwischenfälle aller Art, randalierende Passagiere oder Notlandungen.

»Wir befinden uns im Anflug auf Rom. Bitte befestigen Sie Ihre Sitzgurte und . . .« Die Landeklappen sind schon voll draußen, als wir unseren Getränkewagen in die Galley zurückbugsieren und verankern. Kaum hocke ich neben meiner Stewardeß, da setzen wir schon auf. Die kurze Flugzeit reicht weder fürs Arbeiten noch fürs Vergnügen.

Und die Freizeit? An einem frühen Nachmittag in Rom zu landen und bis zum nächsten Nachmittag frei zu haben: das zählt für einen Europa-Steward zu den Glücksfällen. Die Crew fährt ins Vertragshotel nach Ostia und duscht sich erst einmal den angebrochenen Tag vom Leib. Abends, bei einem Fischessen am Strand, geht es genauso romantisch zu, wie man sich das immer so vorgestellt hat. Der Käpt'n erzählt von den wilden Zeiten mit der Super Constellation, der Kopilot berichtet von seiner gerade abgeschlossenen Schulung in Arizona, der Steward von seiner bodenständigen Hotelzeit in Wien, und der Journalist trägt ein paar Frankfurter Mordaffären aus seiner Volontärzeit bei. Der Bordingenieur ist müde im Bett geblieben. Die beiden Stewardessen blinzeln ins Kaminfeuer und sind nicht mehr so munter, wie sie in Illustrierten dargestellt werden.

Am Vormittag sind wir Touristen und durchwandern, aus einem Reiseführer deklamierend, das Forum Romanum. Uhr und Hunger treiben uns in ein kleines Lokal, wo wir dem Kellner das Staunen beibringen, indem wir aqua minerale zum Essen bestellen. Alkohol ist zwölf Stunden vor dem Start tabu. Es folgt ein neues Stück Arbeitstag: Wir begeben uns nacheinander ins Hotel, ins Bad, in die Uniform, in den Zubringerbus, in die Maschine, in die Luft. Heute also Düsseldorf, zwei Stunden Flugzeit. Bei fünfzig Paxen braucht man sich nicht die Beine auszureißen. Der falsche Steward, nun schon berufserfahren, plaudert mit einer alleinreisenden Großmutter aus Kanada in einer Weise, die sie vermutlich für immer an die Lufthansa binden wird. Er läßt sich, als es dunkel wird, für eine Weile hinter dem Kapitän im Cockpit nieder und sieht auf die flimmernde Erde hinunter. Sternklare Nacht. Stuttgart gleitet vorüber, dann Frankfurt: wie Lichter von einem fremden Stern. Aber nun spricht der Kopilot bereits mit Düsseldorf-Lohausen, und der Kapitän nimmt die Schubhebel zurück, um den Abstieg einzuleiten.

Steward: ein sehr merkwürdiger Beruf – zwischen Himmel und Erde, zwischen Omnibus und Raumstation, zwischen Schnellrestaurant und Traumreise.

Mehr Power, Mann!

Pilotentraining

Eine Prüfungsaufgabe für junge Fliegeroffiziere, Anno 1913: Meine Herren, Sie erhalten Geheimbefehl, Seine Majestät, den Kaiser, nach Magdeburg zu fliegen, sehr verantwortungsvolle Sache, glänzende Auszeichnung, machen also Apparat startklar, alles vorschriftsmäßig, sind Seiner Majestät auch beim Einsteigen behilflich, ich meine, helfen dem Mann rein in die Kiste, und ab geht die Post, sagen wir mal: Reiseflughöhe 200, alles vorschriftsmäßig, wie gesagt, aber plötzlich Gewitter, Turbulenzen, richtiges Sauwetter, wobei Apparat stark bockt, und nun stellen Sie sich vor, Majestät werden herausgeschleudert und stürzen in die Tiefe: Was unternehmen Sie in dieser verteufelten Lage als erstes? – Beklommenes Schweigen. Endlich sagt ein Flugschüler: Mein verwirktes Leben mit eigener Hand auslöschen! Falsch. Sturzflug einleiten, um Majestät wieder aufzufangen? Nach Frankreich fliegen und politisches Asyl erbitten? Alles falsch, meine Herren. Die richtige Antwort lautet: Flugzeug sofort schwanzlastig trimmen, um Gewichtsverlust hinter dem Schwerpunkt auszugleichen.

In dieser Geschichte steckt eine wichtige Fliegerregel. Was auch geschieht, der Pilot darf in keiner Sekunde die Kontrolle über sein Flugzeug verlieren. Das gilt bis auf den heutigen Tag. Über den Sturz eines Kaisers regt sich wohl niemand mehr auf, aber wie reagieren Piloten auf Motorbrand, Hydraulikschaden, Landeklappendefekt, Druckverlust oder Kurzschluß an Bord?

Verkehrsflieger müssen unheimlich viel lernen. Die Hälfte davon genügt zur Ausübung ihres Berufs, kein Zweifel – die andere Hälfte ist jene geistige Sicherheitsreserve, »die als latente Energie in den Piloten schlummert, während sie scheinbar nichtstuend hinter ihrer Automatik sitzen« (so hat es der Flugkapitän Braunburg ausgedrückt). Aus dem Abenteuer der Luftfahrt ist ein banaler Verkehrszweig geworden. Einem Jumbo-Piloten werden fünfhundert Seelen aufgebürdet, und er schippert sie mit der linken Hand nach Mallorca oder Mombasa. Alles funktioniert reibungslos. Der Autopilot hält Kurs, die Stewardeß hält Kaffee warm. Hat er Glück, der Kapitän, so braucht er nie zu zeigen, was er wirklich kann. Doch vorbereitet muß er sein, allzeit, auf alles. Das Geheimnis seines hohen Ansehens und seines hohen Gehalts besteht darin, daß er in einer Ausnahmesituation weit über seine normale Größe hinauswächst und nicht irgendeine, sondern die einzig richtige Entscheidung trifft. Ein flackerndes Warnlicht im Cockpit zeigt manchmal nur eine kleine Panne an, ein andermal die große Katastrophe – beides liegt im Flugzeug gefährlich nahe beisammen.

Für jeden Defekt, für jeden Zwischenfall, für jedes Problem gibt es eine Vorschrift, eine Verhaltensmaßregel, einen Knopfdruck. Wenn es brenzlig wird, brauchen die Flieger keine Phantasie, nur Gedächtnis. Und das läßt sich trainieren. Verkehrspiloten müssen von Zeit zu Zeit nachweisen, daß sie noch alles im Kopf haben, was ihnen eingetrichtert wurde. Ein Triebwerk fällt aus, vielleicht ein zweites, der Öldruck bleibt weg, die Landeklappen rühren sich nicht, das Instrumentenlandesystem zeigt nichts mehr an – was unternehmen Sie in dieser verteufelten Lage als erstes? Bei den Fluggesellschaften wird regelmäßig der Notfall geprobt. Alle sechs Monate müssen Kapitäne und Kopiloten zum »Base Check« antreten, einer Überprüfung ihrer Fähigkeiten und Fertigkeiten, die teils im Trainingssimulator am Boden, teils am Himmel stattfindet – und so geht sie vor sich:

FOLLOW
ME

Über dem Frankfurter Flughafen hängt der Himmel tief und sieht nach Regen aus. Ein kleiner Bus flitzt aufs Vorfeld, acht junge Männer darin, reichlich lässig in Jeans und Windblusen gekleidet – nun steigen sie aus und nehmen mit größter Selbstverständlichkeit eine geparkte Condor-Boeing 727 in Besitz. Die Türen werden von innen geschlossen. Die jungen Männer scheinen sich auszukennen, obwohl sie weder Uniform noch Goldlitzen tragen und einem mißtrauischen Beobachter den Beweis schuldig bleiben, daß sie überhaupt zur Eroberung der Luft berechtigt sind. Die Patrouille des Bundesgrenzschutzes nimmt keine Notiz.

Es hat alles seine Richtigkeit. Wenn Piloten nur fliegen, aber nicht repräsentieren müssen, treten sie lieber im Freizeitlook an – indes, von Freizeit kann hier keine Rede sein. Der Check-Kapitän hat einen scharfen Blick, und sein Urteil ist wichtig. Ihm haben die Herren Flieger zu zeigen, daß sie in den vergangenen Monaten nicht verlernt haben, die große Maschine in jeder Flug- und Lebenslage zu beherrschen.

Die Boeing 727 hat ein Startgewicht von beinahe achtzig Tonnen. Ohne Passagiere, ohne Stewardessen, ohne die beruhigende Startmusik erscheint das riesige Flugzeug leer und kalt und ungemütlich wie ein ausrangierter Eisenbahnwaggon. Die jungen Männer lassen sich auf den vordersten Sitzen nieder. Der Check-Kapitän erklärt, was er mit ihnen vorhat, und stellt ein paar Fragen, mündliches Vorgeplänkel, dann geht er ins Cockpit, schnallt sich auf dem Kopilotensitz fest und läßt den ersten Kandidaten links Platz nehmen: Also, Sie machen den Start hier in Frankfurt und die ersten beiden Landungen in Nürnberg! Lampen und Zeiger werden zum Leben erweckt, die Elektronik, die Funkgeräte, die Motoren, und das Flugzeug rollt.

Fertig zum Start. Die Boeing hebt ab wie jedes andere Flugzeug, aber kaum ist sie in der Luft, fällt das Triebwerk Nr. 3 aus. Draußen auf dem Flugplatz merkt das kein Mensch, nur der Pilot erschrickt ein wenig, obwohl er schließlich auf einem Überprüfungsflug nichts anderes erwarten konnte: der Check-Kapitän hat es ihm eingebrockt. Die Schubhebel der intakten Motoren werden nachgeschoben, der Steigwinkel verflacht, okay, so ist es richtig, und so kann der dritte Motor wieder kommen.

Kurs Südost. Funkverkehr mit Nürnberg, Einflug in die Kontrollzone, alles scheint glattzugehen – aber man soll den Flug nicht vor der Landung loben. Das Repertoire des Check-Kapitäns ist groß. Beim Anflug auf Nürnberg fallen gleich zwei Triebwerke aus. Mit 150 Knoten schleppt die Boeing sich zur Landebahn, wo sie schlecht und recht hinplumpst. »Na ja«, sagt der Prüfer, »machen wir das Ganze noch mal, aber locker!« Fliegen ist nicht so schwer, wie die Flieger oft tun. Aber vor der Landung sitzt jeder Pilot aufs äußerste angespannt vor den Armaturen, nicht unähnlich einem verbissenen Roulettespieler, der den Lauf der Kugel verfolgt. Die Zahlen müssen stimmen. Beim zweiten Anflug ist die Boeing langsamer, als sie sein sollte, der Fahrtmesser bewegt sich auf die 140-Knoten-Marke zu, und da sagt der Prüfer ruhig und bestimmt: »Mehr Power, Mann, sonst sind Sie hin!«

Wir befinden uns an Bord eines Flugzeugs, in dem dauernd etwas kaputtgeht. Beruhigend zu wissen, daß die Pannen nur inszeniert sind und die Feuerwehrleute des Nürnberger Flughafens keinen Anlaß haben, von ihrem Skat aufzustehen. Wir werden mit heiler Haut davonkommen, und sei es Gänsehaut. – Ein neuer Landeanflug, ein neuer Mann am Steuer. Vor den Cockpitfenstern schwankt der Horizont, verregnete Landschaft, ein grauer Streifen Beton: die Landebahn, die zwar 2700 Meter lang ist, aber, schräg von oben betrachtet, immer viel zu kurz und viel zu schmal aussieht. Flugwetter für Profis. Die Boeing wird von Böen geschaukelt wie ein kleines Sportflugzeug. Auf den vorderen Passagierplätzen ist ein eiliger Imbiß fällig, dazu Limonade. Auch die gestandenen Flugkapitäne können nicht leugnen, daß sie bei dieser Sorte Wetter ein komisches Gefühl in der Magengrube haben. Der nächste, bitte!

An Frankfurt gemessen, ist Nürnberg ein Provinzflughafen, wenig Verkehr. Die Piloten benutzen ihn als Spielwiese für ihr Sicherheitstraining, Start und Landung, Start und Landung, immer wieder Platzrunden und in jeder Platzrunde ein weiterer Zwischenfall, mal nach dem Abheben, mal vor dem Aufsetzen. Als die Hydraulik versagt, muß einer das Fahrwerk in mühseliger Handarbeit auskurbeln. Dann wieder stimmt was mit der Trimmung nicht. Die Landeklappen streiken, die Öltemperatur steigt, die Bremsen versagen – durchstarten!

Die Gespräche, die dabei geführt werden, sind Laien unverständlich, weil Luftfahrtchinesisch, halb englisch, halb deutsch, selten ein vollständiger Satz. »Achten Sie auf die power-setting«, sagt der Check-Kapitän, »und fahren Sie gears und flaps erst, wenn der glide slope drin ist.« – »Lassen Sie die spoilers drin, wenn Sie nach der rotation eine engine failure haben!« – »Nicht gleich die engine cutten, wenn der Filter kaputt ist – die hält noch eine Weile.«

Jeder Pilot weiß, was gemeint ist.

»Engine cutten« heißt: ein Triebwerk abschalten. Was mit den Düsenmotoren hinten am Heck los ist, kann der Pilot weder sehen noch hören; nur die Instrumente geben Auskunft. Das Cockpit ist ein ziemlich abstrakt geratener Arbeitsplatz – vermutlich der preisgekrönte Entwurf eines Wettbewerbs, in dem es darum ging, möglichst viele Schalter, Lämpchen, Instrumente, Hebel und Sicherungen auf möglichst engem Raum unterzubringen.

Wenn wir die Miene des Prüfers richtig deuten, ist an diesem Morgen keiner durchgefallen. Die Piloten haben fünfzehn Tonnen Sprit durch die Triebwerke gejagt. Ohne auch nur einen Fuß auf Nürnberger Boden gesetzt zu haben, kehren sie, nun ganz entspannt, nach Frankfurt zurück. Der Überprüfungsflug hat knapp 20000 Mark gekostet. Der Simulator hätte es für dreitausend gemacht. Aber nichts ist so lehrreich wie die Wirklichkeit.

Der Passagier, den das Schicksal in ein Flugzeug mit brennendem Triebwerk verschlägt, kann wirklich nichts anderes tun als beten. Vorn im Cockpit aber wird der Kapitän mit voraussichtlich gefaßter Stimme sagen: »Besser wir cutten die engine!«

Passagiere im Treibhaus

Über Abfertigungsanlagen

Oft fliegen ja auch alte Damen mit. Einmal rief eine alte Dame die Stewardeß herbei und fragte: »Kann man hier auch während des Fluges . . .?« Ja, ganz vorn, sagte die Stewardeß – die Dame erhob sich also, ging durch die Sitzreihen und erreichte das Cockpit, die Tür stand offen, die Besatzung hatte gerade nicht viel zu tun und räkelte sich entspannt im grünen Schimmer des Radarschirms. Die alte Dame, verwirrt, lief zurück: »Fräulein, das ist aber sehr merkwürdig hier. In der Damentoilette sitzen drei Männer beim Fernsehen.«

Wer hat B6 gesagt?
B6
B5

Der Witz karikiert eine Sorte Mensch, die seit jeher dem Spott der Besserwisser ausgesetzt war: den ungeübten Reisenden. Er ist entweder von gestern oder vom Lande, ein Objekt des Mitgefühls oder der Schadenfreude. Sein Dilemma besteht darin, daß er unvorbereitet in eine fremde Welt gerät, deren Reglement er nicht kennt, deren Kniffe er nicht kapiert und deren Toiletten er natürlich nicht findet. Die Situation jener alten Dame ist nicht einmal die ernsteste. Verwirrender und härter sind die Prüfungen, die den ungeübten Reisenden heute bereits vor dem Abflug erwarten. Er muß nämlich durch eine Abfertigungsanlage.

Alle großen Flughäfen haben eine Abfertigungsanlage, die, wie die knurrige Bezeichnung schon andeutet, dazu dient, die Passagiere fertigzumachen. Man fliege nach Paris, nach Brüssel, Rom, Amsterdam oder Frankfurt: überall stehen diese gläsernen Gebäudewaben wie zu groß geratene Treibhäuser in der Landschaft und verkünden den Ruhm der Gebrüder Wright. Auch im Luftverkehr, der sechzig Jahre alt ist, hat das Massenzeitalter begonnen. Die Treibhäuser sollen möglichst vielen Leuten möglichst wenig Gelegenheit zum Verweilen bieten. Man weiß, wie ein Düsentriebwerk funktioniert: gemächlich dahinschlendernde Luftteilchen werden angesaugt, verdichtet, wahnsinnig beschleunigt und auf der anderen Seite wieder hinausgeworfen. Ähnliches widerfährt dem Luftpassagier in der Abfertigungsanlage. Die Beschleunigung ist freilich ein Scheinmanöver: in Wahrheit wird er nur in nervöse, ziellose Bewegung versetzt, so lange, bis das verspätete Flugzeug endlich startet. Aber woher soll der ungeübte Reisende das vorher wissen.

Zwei Stunden zu früh, sicher ist sicher, betritt er den unbekannten Boden, argwöhnisch, als sei es Glatteis. Die Glastür der Abflughalle weicht automatisch zurück (das erinnert ihn an Geisterbahneffekte) und schließt sich hinter ihm mit einem hämischen Quietschton. Von nun an ist er, wie bei Kafka, unbekannten Mächten ausgeliefert, die ihn, er weiß nicht wie, in den Himmel befördern werden.

Er steht in einer hellgrauen Riesenhalle und wird von Lautsprechern, zwinkernden Lämpchen und mahnenden Uhrzeigern aufgefordert, umgehend etwas zu unternehmen – aber was? Darauf kommt es gar nicht an, denn bis zum Abflug ist noch reichlich Zeit, jedoch, hier darf man nicht einfach so herumstehen. Luftverkehr heißt Blitzbeförderung, und dieses Image lassen sich die Fluggesellschaften nicht verderben, schon gar nicht von einem Anfänger. Magische Augen treiben zur Eile. Der genius loci ist die Ungeduld.

In der Halle lagern Gepäckberge, die gelegentlich von kleinen Kindern erklommen werden, während die Eltern viele Zigaretten rauchen und hoffen, der Qualm werde die beschwörenden Uhren und Lämpchen endlich verschlucken. Aber die Klimaanlage entfernt den Qualm ohne Verzögerung, auf daß sich niemand in Ruhe und Sicherheit wiege. Die Uhren ticken weiter. Die Lautsprecher stoßen nach: Gleich ist Rio dran, verehrter Fluggast, und dann ruft Hongkong, nur nicht warm werden! Nicht einschlafen in den weichen Sesseln, die nur aus Versehen aufgestellt sind – wenigstens der Puls muß jagen.

Der ungeübte Reisende erliegt dem ständigen Beschuß, er traut sich kaum, Platz zu nehmen, trinkt einen Pappbecherkaffee im Stehen und schlingt ein Stück geschmackloser Pappe aus dem Sandwichautomaten herunter. Rolltreppen gleiten in alle Richtungen. Von fern hört man Triebwerke pfeifen. Man fühlt sich gedrängt und weiß nicht wohin.

Provokatorisch ist das Verhalten der kleinen Angestellten beim Luftbetrieb. Ein wenig gelangweilt, im Leerlauf verharrend, lassen die Airportiers die nervöse, verdichtete, hochtourige Masse an sich vorüberziehen. Sie führen, endlos und schäkernd, ihre Telefonate in Fliegerlatein, was zur Folge hat, daß der ungeübte Reisende sie bewundert und verflucht, aber hauptsächlich verflucht, weil er fürchtet, er werde nie und nimmer ans Ziel gelangen. Er begehrt nicht auf; denn die Hostessen lächeln ihn einfach um.

Nebenbei tippen sie auf einem Computer herum: der wird letztlich entscheiden, ob man des modernen Luftverkehrs teilhaftig wird oder nicht. War alles richtig gebucht? Tut mir leid. Zur Postkutschenzeit konnte jeder Reisende mit dem Kutscher verhandeln, ihn schelten oder bestechen, aber nunmehr ist der Computer die letzte Instanz, und darüber kommt gleich der liebe Gott. Er redet der Lufthansa nicht ins Geschäft.

Die freundliche Abfertigungsmaschinerie läuft. Zum Wohle des Kunden in Gang gesetzt, überrollt sie ihn, wenn er sich nicht ihrem Rhythmus fügt. Er reist nicht mehr, er wird gereist. Der ungeübte Passagier glaubt sich verloren. Er studiert die Anweisungen: Wartehalle C. Ausgang 26. Fingerkopf 2a. Abruf 16.25 Uhr. Erschwerend ist der Umstand, daß alle Abfertigungsanlagen der Welt auf ungeübte Reisende zugeschnitten sind, das heißt: idiotensicher, das heißt: es wimmelt nur so von Hinweisschildern, und kein Mensch findet sich mehr zurecht. Aber schließlich erreicht jeder seine Maschine, und das ist das Verblüffendste an der Fliegerei.

Der geübte, weltläufige Passagier indes sieht die Abfertigungshalle mit anderen Augen. Er zählte schon Anno DC-3 zu den Eingeweihten und Durchgeschaukelten: damals, als das Aufregendste am Fliegen das Fliegen und nicht die Organisation war. Er ist, nach so vielen Jahren, gleichgültig geworden gegen das Reizklima der Flughäfen, er wandert müde durch ihre immergleichen Wartesäle, er fordert selten Auskunft, häufig Drinks. Der stumpfe Routinier kann uns ebensowenig wie der ungeübte Anfänger erklären, was an diesem Flughafenklima so Besonderes sein soll. Da müssen wir einen fragen, der sich auskennt und trotzdem noch nicht das Staunen verlernt hat. Also Arthur Hailey.

Arthur Haileys Roman »Airport« verdankt seinen Welterfolg weniger der schicken Handlung als dem fesselnden Schauplatz. Man darf die Personen und ihr bißchen Schicksal getrost als Staffage betrachten; die Hauptrolle spielt unbestritten ein Flughafen. Hailey beschreibt, wie »Lincoln International Airport« funktioniert, wie der Riese atmet und lebt – und darin ist Hailey ein zuverlässiger Reporter. Ein Flughafenroman (mit beliebiger Handlung) war längst fällig. Nachdem die Unterhaltungsliteratur die von ihr bevorzugten Luxushotels, Ozeanschiffe und Orient-Expreß-Züge zu Tode variiert hat, bleibt ihr gar nichts anderes übrig, als in die tolle Szenerie der Reisetreibhäuser einzusteigen. Wo sonst tummeln sich so viele aneinander vorbeihuschende, aufeinander prallende, vom Zufall in die Irre geleitete Schicksale? Das muß schon ein sehr guter Schriftsteller sein, der so ein Angebot in den Wind schlägt.

Die Flugzeuge wachsen ins Riesenhafte, einen Absturz darf man sich eigentlich nicht mehr leisten. Auf den Landeplätzen hat man keine Baracken mehr, keine Häuser für eine exklusive, mutige Schar, man hat Gebäudekomplexe vom Format eines Stadtzentrums. Die Glaswaben haben sich selbständig gemacht und wuchern, sie scheinen keiner Stadt, keinem Land, keinem Erdteil anzugehören – man kann in dieser nüchternen Traumwelt ohne weiteres Chikago mit Wellington, Montreal mit Mailand verwechseln. Man spürt kaum einen nationalen Hauch, allenfalls die amerikanische Luft. Denn die Amerikaner, die das Fliegen erfanden, haben es darin am weitesten gebracht, und ihre Flugzeuge sind heulendes Vorbild rund um die Welt.

Wer weiß das noch: wie man aus der Halle trat und über Gras zum Flugzeug lief? Es ging ein bockiger Propellerwind. Verweht. Ein Strom von Passagieren fließt durch Hallen und Gänge, über Rolltreppen und Förderbänder, man wird durch eine Röhre in den Flugzeugrumpf gestopft, hundertweise sortiert und in die Wolken geschossen – und auf der Rückseite der Erdkugel betritt man die gleiche künstliche Welt aus Glas und Stahl und Beton und Lautsprechern. Hat man denn bemerkt, wo die Abfertigungsanlage endete, wo das Flugzeug begann?

So wird es also eines Tages der alten Dame passieren, daß sie aus Versehen über den Nordpol zischt, während sie noch auf dem Frankfurter Flughafen nach »D« sucht.

Cockpit

Statt eines Reiseberichts

Eine Reise nach Stockholm will ich beschreiben, via Kopenhagen, aber ich sage gleich, es kommt nichts dabei heraus: nichts über den Mälarsee und nichts über blonde Mädchen und schon gar nichts über die Stadt Stockholm, die ich nicht gesehen habe. Eine fragwürdige Reise war das.

Soll ich überhaupt auf Stockholm bestehen? Mein Bericht ist ebensogut auf Manchester oder Lissabon anwendbar, obwohl ich dort noch weniger als in Stockholm gewesen bin. So überraschend rationell geht es heute im Reiseerlebniswesen zu, wenn man sich unter die Fittiche des Luftverkehrs begibt.

Eine Reise nach Stockholm will ich beschreiben.

Noch steht das riesenhafte Flugzeug, dem man fünfzig oder siebzig Tonnen Gewicht nachsagt, auf dem Boden der Wirklichkeit, nämlich Beton, und wird von Mechanikern, Putzfrauen, Tankwarten, Ladearbeitern umschwirrt und gehätschelt. Der Himmel ist grau verschlossen. Die erste Tür links führt ins Cockpit. Ich sitze hinter dem Kapitän: hinter dem Mann, der es fertigbringen soll, mit seiner geringen menschlichen Kraft das gewaltige Ding zu schaukeln.

Das Cockpit, womit die englische Sprache auch einen Platz für Hahnenkämpfe bezeichnet, ist das Gehirn des Flugzeugs. Ein knapper, nach allen Seiten abgerundeter Raum, der nicht eigentlich Wände hat; vielmehr stößt er ringsherum an verschachtelte Armaturen. In militärischer Ordnung sind Kompanien von Lämpchen, Schaltern, Zeigern und Hebeln angetreten, unzählbar, der Aufmarsch geht über die halbe Decke hinweg. Vorn gibt es schmale Fenster, dahinter liegt eine Partie des Frankfurter Flughafens, aber gleich wird auch dieser Rest sichtbarer Welt verschwunden sein.

Damit das Gehirn funktioniere, sind drei Männer eingebaut: neben dem Kapitän ein Kopilot, dahinter ein Flugingenieur. Sie schnallen sich auf ihren Sitzen fest und beginnen, das Instrumentarium in Bewegung zu setzen, als seien sie ein Teil davon. Sie reden miteinander, aber nur in Stichworten und Abkürzungen, englisch: einer wirft dem anderen Buchstabengruppen an den Kopf, und jedesmal reckt sich irgendwohin eine Hand und legt Hebelchen um. Die Fliegerei ist zu schnell geworden für ganze Sätze.

Das Anlassen der Triebwerke: ein geradezu abstrakter Akt. Die erste Turbine wird auf Touren gebracht, Zündung, dann Gas, zwei Mann sind damit voll beschäftigt, der Drehzahlmesser ruckt hoch. Fünfunddreißig Meter hinter uns, draußen, muß in diesem Augenblick ein Höllenlärm losbrechen – im Cockpit bleibt es völlig still. Es ist den Realitäten schon davongeflogen. An diesem merkwürdigsten aller Arbeitsplätze kommen nur Signale und Chiffren an. Neun Zeiger pendeln sich auf bestimmte Zahlen ihrer Skala ein: die drei Triebwerke der Boeing 727 laufen normal, es kann losgehen.

Chiffren auch im Kopfhörer, Sprachgehacktes vom Kontrollturm. Das Flugzeug rollt. Der Steward öffnet die Tür und ruft dem Kapitän zu: »Kabine klar!« Richtig, dahinten sitzen Leute drin, erwartungsvoll, komfortabel, von Stewardessen angelächelt. Man hat sie gar nicht einsteigen sehen. Ein Blick aus dem Cockpit-Seitenfenster streift höchstens die Flügelspitzen. Daß ein ganzes Flugzeug, ein dicker Rumpf mit vielen Fenstern daranhängt, vergißt man fast hier vorn. Unsere kleine Kapsel ist nur die Spitze des Eisberges.

Der Kopilot liest sich durch die Check-Liste, die den Kopf vor Vergeßlichkeit bewahrt, der Kapitän befehligt Hebelkompanien rechtsum und linksum, der Bordingenieur rechnet irgend etwas aus, wofür es offenbar noch keine Elektronik gibt: Er sitzt, mit Zahlen hantierend, an seinem metallenen Pult, während der Raum von rückwärts geschleuderten Luftmassen langsam fortbewegt wird. Eine Stimme gibt den Start frei.

»Lufthansa 210 ready for take-off...«

Nun ist die Bewegung zu spüren. Der Kapitän hat die drei langen Hebel in der Mitte vorgeschoben, die Körper scheinen etwas schwerer zu werden; und da ist noch etwas Bekanntes, Erdverbundenes fühlbar: es holpert. Der schwere Apparat schiebt sich genau auf dem weißen Mittelstrich über die Startbahn. Die Piloten blicken starr aus dem Fenster, sie haben nun jede menschliche Regung abgelegt. Der Kapitän wartet auf die genau festgelegte »rotation speed«, 117 Knoten, die nach etwa dreißig Sekunden erreicht ist. Dreißig Sekunden sind eine endlos lange Zeit, wenn man die Stoppuhr im Kopf und ein Auge auf dem vier Kilometer langen weißen Strich hat.

Dann ist die alltägliche, unglaubliche Sekunde da. Der Kapitän zieht die Steuersäule langsam zu sich heran. Die Bahn taucht weg. Seltsam: die Kabine, die Kommandozentrale, die emporgereckte Nase des Apparats fliegt schon zehn Meter hoch, aber das Flugzeug hintendran scheint noch mit den Rädern am Boden zu sein. Rumpeln ist zu hören.

Auch jetzt kein Triebwerkheulen, nur das dünne Pfeifen der zerteilten Luft, die Fenster werden vollends blind, die Kabine schießt in eine tiefhängende Stratuswolke. Irgendwo bei Neu-Isenburg – aber es wird bis Kopenhagen keine Rolle mehr spielen, wie die Orte, Flüsse und Landschaften heißen.

Ich beobachte die Männer, die ihre losgelöste kleine Welt mittels Hebeln und Knöpfen regieren. Wenn sie nur lange genug gedreht, geschaltet und gefingert haben, kommt als Ergebnis Kopenhagen heraus.

Die Instrumente leuchten wie ein kleiner Sternenhimmel. Sie melden: achthundert Kilometer pro Stunde, viertausend Meter hoch, immer noch steigend. Wir sitzen in einem ruhigen, kleinen

Zimmer, das sich offenbar nicht von der Stelle rührt. Ich komme mir vor wie die handelnde Person eines utopischen Films. Übrigens muß die Zeitmaschine von Wells ein Tretroller gegen unser perfektes Energiezentrum gewesen sein.

Wenn der liebe Gott aufmerksam ist, sieht er nun ein glitzerndes Ding aus der obersten Wolkenschicht herauskommen, er sieht die Kondensstreifen, hört das Gebrüll, wir nicht. Im Cockpit vibrieren künstliche Horizonte, ein grüner Zeiger dreht sich plötzlich um 180 Grad: die Maschine hat ein Funkfeuer überflogen und steuert, von einer fast beiläufigen Handbewegung gezwungen, die nächste Navigationsstation an. Achtzig Passagiere essen.

Der Kapitän hat den automatischen, elektronisch denkenden Kollegen mit der Führung des Luftfahrzeugs betraut. Der Kapitän G.: ein großer Mann, konzentriert, aber darob nicht schweigsam, er wirkt sehr jung, was er aber nicht sein kann, denn er hat zwölf Jahre gebraucht: von der ersten Flugstunde bis in dieses technische Gewirr des Boeing-Gehirns, wo er ein mit atemberaubenden Vollmachten ausgestatteter Alleinherrscher über Menschen und Millionen ist.

Dem Kopiloten erzählt er gerade: er will seiner Frau einen Kleinwagen kaufen, die Frage ist nur, ob R 4 oder Mini Cooper, und der zweite Mann an Bord gibt Ratschläge in bezug auf die Straßenlage. Der dritte Mann wechselt Sende- und Empfangsfrequenzen. Eine norddeutsche Bodenstation meldet sich auf geradezu altmodische Weise mit kurz, lang, lang, kurz . . . Steuern und Versicherung, und der Kofferraum? Und was machen die Kinder?

So nehmen diese Flieger zu ihrer traumhaften Arbeit immer ein bißchen spießbürgerliche Häuslichkeit mit, vielleicht, weil sie sonst in der weltentrückten Kapsel vergessen könnten, wohin sie gehören.

Richtung Dämmerung. Die Küste bildet sich auf dem Radarschirm ab, grünschimmerndes Land. Ein Entfernungsmesser, der wer weiß wie konstruiert ist und einem Kilometerzähler ähnelt, zeigt die restliche Strecke nach Kopenhagen. 37 Meilen. Gleich ist unser kleiner, von 88 Menschen bewohnter Planet am Ziel. Der Kapitän holt eine neue Check-Liste hervor und verkündet: »Also, seilen wir uns ab!« Außer Wolken und ersten Sternen ist ringsum nichts auszumachen; jetzt bin ich aber wirklich gespannt, ob wir, aus der Unendlichkeit heimkehrend, die Welt wiederfinden und noch dazu genau auf Kopenhagen treffen.

In die Wolken und hindurch. Wieder greifen alle Hände kreuz und quer gleichzeitig in die Armaturen. Die Männer sind wie programmiert. Die rasende Maschine muß gebändigt werden, Gedeih und Verderb hängt an undurchsichtigen Schaltkreisen. Die Landeklappen fahren aus, es ist, als ob jemand hart auf die Bremse getreten hätte. Die Zeiger des Instrumenten-Landesystems pendeln sich waagrecht und senkrecht ein. Der Luftdruck im Cockpit verändert sich und belastet die Ohren, auch das Pfeifgeräusch hat aufgehört. Der Kopilot spricht schon mit Kopenhagen.

Und nun fällt die kleine Kabine lautlos aus den Wolken. Vorn im Fenster erscheint die von Lichtern begrenzte Landebahn. Kein Wort wird mehr gesprochen. Der Ingenieur deutet wie elektrisiert auf eine rot flackernde Lampe. Was immer das zu bedeuten hat: hierin ist jede Frage mit Schaltern zu beantworten, und wenn das nichts hilft, dann wird etwas noch nie Erlebtes passieren. Aber, zum Glück, der Kapitän nickt kurz und schaltet das Problem ab.

Ein Stoß bestätigt die glückliche Rückkehr. Die Augenblicke nach der Landung sind die aufregendsten: sechs kundige Hände greifen mit größter Schnelligkeit um sich, bis das wuchtige Geschoß zu einem gemächlich dahinrollenden Fahrzeug geworden ist. In der Dunkelheit schimmern lila Begrenzungsleuchten. Links nähern sich Häuser und Hallen, wahrhaftig, dies ist der Flughafen Kopenhagen-Kastrup, achtzig Minuten von Frankfurt entfernt.

Nur eine Zwischenlandung. Der Kapitän liegt entspannt in seinem Sitz, Cola trinkend, und erzählt von seinem Dienstplan, übermorgen Kairo, dann Prag, Paris und Rom, das übliche Tageswerk. Namen sind nicht so wichtig. Achtzehnmal war er in Stockholm, ehe er die Stadt sah; denn es ist sein Beruf, blindlings von Landebahn zu Landebahn zu reisen. Ein toller, herrlicher Beruf, sagt er, und steckt die Grenzen ab: kein Beruf für Supermänner, sondern einer für Männer von optimaler, vielseitiger Mittelmäßigkeit.

Zwischendurch unterschreibt er Ladelisten und andere Papiere, der ganze Verwaltungskram wird ihm ins Cockpit gebracht. Acht Tonnen Treibstoff nachgefüllt. Das Flugzeug steht inmitten

Betriebsamkeit. Der Ingenieur verhandelt mit einem Mechaniker wegen des Öldrucks im zweiten Triebwerk.

Anlassen, rollen, Sprachgehacktes, diesmal noch unverständlicher, weil dänisches Englisch. Der Steward erscheint: »Kabine klar!« Zwanzig Minuten sind vergangen. In einer guten Stunde werden wir Stockholm erreichen, der unsichtbare Weg ist abgesteckt. Und in vier Stunden wieder in Frankfurt.

Eine Reise nach Stockholm wollte ich beschreiben? Eine Reise nach Stockholm ist wie eine Reise nach Kopenhagen oder Manchester oder Lissabon.

Himmel, wo ist die Erde?

Der tanzende Knüppel

Erster Alleinflug

Gedrillt auf die Handgriffe des Überlebens, sitzt ein klein gewordener Mensch in der geflügelten Maschine, zum erstenmal allein. Das Flugzeug steht lärmend auf der Wiese, der Propellerwind kämmt die Grashalme – so wird es also gleich losgehen. Gott befohlen. Was zögert der kleine Mensch noch?

Er macht ein gelassenes Gesicht, aber das kann man nicht deutlich erkennen, weil er sich dauernd mit einem Taschentuch über die Stirn wischt. Jetzt reibt er sich sogar die Hände, wahrscheinlich vor Vergnügen. Bis sie trocken sind. Er wirft einen Blick gen Himmel. Man darf das nicht mißverstehen. Er ist verpflichtet, den Luftraum zu beobachten.

Was er vorhat, ist alltäglich. Er wird Gas geben, starten, aufsteigen und nach fünf Minuten wieder auf die Erde zurückkehren. Nein, was er vorhat, ist einmalig. Heut hat er Premiere. Zum erstenmal wird er da oben nur das Gebrüll des Motors hören und keine vorwurfsvolle Stimme: »Menschenskind, nicht so knapp, nicht so schnell, nicht so langsam. Wenn ich eben nicht rechtzeitig... dann hätten wir einen Unfallbericht schreiben müssen.« Zum erstenmal allein. Die Stimme ist ausgestiegen.

Der kleine Mensch hört den Trommelwirbel, der die große Nummer ohne Netz ankündigt, aber es ist gar kein Trommler da, nur sein eigenes vorlautes Herz. Er spürt, wie ihm etwas kalt den Rücken hinunterläuft. Genauso hat er sich die Sache vorgestellt. Eine Sache zwischen Angst und Hurra.

Er dreht den Kopf nach allen Seiten, als erwarte er in letzter Sekunde, daß der Fluglehrer zurückgerannt kommt und »Halt!« ruft. Aber der winkt vom fernsten Horizont und hat keine Bedenken. Nennt er das Verantwortung? Ein paar hundert Minuten lang hat er die schmale Kabine mit Sorglosigkeit und Flüchen belebt. Manchmal war es richtig gemütlich, so zu zweit. Nun ist die ganze Nestwärme weg.

Überraschend, ohne Warnung, hat der Lehrer seine Gurte gelöst, die Kabinentür aufgeklappt und von außen zugemacht, fort war er. Kein Wort mehr über Vergaservorwärmung oder Abrißgeschwindigkeit oder Querrudergiermoment, nur: »Schmeißen Sie mir die Mühle nicht hin!« Die Kabine ist so groß und leer.

Der Skrupellose scheint von weit her zu grinsen. Jetzt breitet er die Arme wie Flügel aus und läuft aufmunternd gegen den Wind. So flieg schon! Vom sicheren Airport läßt es sich gemütlich raten. Der alleingelassene Mensch, eingesperrt in seinem dröhnenden Käfig, faßt vorsichtig den Gashebel an. Das Flugzeug rollt langsam an die Startbahn. Der Lehrer nickt, klappt die Flügel ein und verschränkt sie vor der Brust.

Es ist immer noch nicht soweit. Der zaghafte Himmelsstürmer kramt in seinem Kopf nach wichtigen Zahlen, die er gelernt, aber leider verlegt hat. Er erwischt sich dabei, wie er den Öldruck auf dem Höhenmesser ablesen will. Kein Ding ist heute auf dem richtigen Platz. Die Flügel wackeln sacht im Wind. Nur nicht ungeduldig werden, wenn man schon sämtliche Zahlen vergessen hat. Bedachtsam greift der ruhige Mensch an das Rädchen der Borduhr, um den aktuellen Luftdruck einzustellen. Daß er den Irrtum sofort bemerkt, zeigt aber doch, wie gut er das Metier schon beherrscht.

Ob der Fluglehrer ihn überschätzt hat? Das fachmännische Gefummel am Steuerknüppel könnte ihn getäuscht haben. Der Lehrer ist noch ziemlich jung, höchstens sechsundzwanzig, vielleicht fehlt ihm die nötige Menschenkenntnis. So wird es sein. Er weiß nicht, was er tut. Es wäre ja nicht das erste Mal, daß man den kleinen Menschen da drin überschätzt. Er blendet immer mit Anfangserfolgen, und nachher, wenn's darauf ankommt, machen alle ein langes Gesicht – diesmal tragen sie womöglich schwarzen Anzug dazu.

Der kleine Mensch erschrickt. Mitten in seine Gedanken hinein hat er Vollgas gegeben. Der Motor brüllt auf vor Lust und Benzin. Der ganze Apparat schüttelt sich wie ein geladener Stier, wenn er die Arena betritt und die Stierquäler erblickt, und dann stürmt er vorwärts. Der Mensch stellt das Denken ein, er darf sich jetzt nicht mehr von Nebensächlichkeiten ablenken lassen.

Wie die Wiese vorbeiflitzt! Der Mensch wächst nicht immer mit seinen Aufgaben, aber meistens mit der Geschwindigkeit. Jetzt

kann er nicht mehr von seinem Mut zurücktreten. Die Schwelle ist hinter ihm. Erleichtert legt er den Kopf auf die Seite und wird ganz Fingerspitze. Er fühlt den Druck des Steuerknüppels. Er hantiert, kontrolliert, reguliert und stiert auf die Zeiger, die alle wieder am rechten Fleck sitzen. Der Fluglehrer ist verweht. Die Landschaft schwankt im Wind.

Und so wird dem größer gewordenen Menschen bewußt, daß er den gefürchteten, heißersehnten Augenblick, da er zum ersten Mal allein die Erde verließ, verpaßt hat. Längst schwebt er über Busch und Baum. Die mechanische Beschäftigung hat ihn völlig gefesselt. Er war nur der Handlanger des Wunders, dessen Held er sein wollte.

Alles ist wie immer, und alles ist schon fast Routine. Kein Überschuß an Gefühl. Fliegen, wie banal! Auch nur eine Variation menschlicher Fortbewegung. Was hatte er sich nicht davon versprochen! Einen Rausch, eine große Trunkenheit oder so etwas. Der erste Alleinflug ist wie das erste Liebesabenteuer – mehr Aufregung als Lust.

Als er in achthundert Fuß Höhe wieder zu denken anfängt, ist er von seinen Gedanken enttäuscht. Der Wald dort unten sieht aus wie gestern und vorgestern. Er kennt ja jede Schneise von den Zweierflügen her. Auch die Äcker im Süden haben sich nicht verändert, ein paar Traktoren krabbeln wieder herum. O nein, er will nicht den Abgebrühten spielen, den die Welt von oben kalt läßt. Er genießt den Vogelblick, der alles wunderbar verwandelt, was man zu kennen glaubt. Aber er dachte halt, daß heute, daß beim ersten Mal noch eine ganz andere Dimension sich auftäte.

Dann fällt ihm doch etwas auf. Er betrachtet den zweiten Steuerknüppel. Sonst saß immer der Fluglehrer davor. Nun ragt das abgegriffene Stück Holz in die leere vordere Kabine. Und bewegt sich! Von keiner Hand berührt, schwenkt der Knüppel nach rechts, nach links, nach vorn und hinten. Der Vorgang ist lächerlich einfach: beide Knüppel sind miteinander verbunden; einer geht mit, wenn der andere bewegt wird.

Der Anblick des geisterhaft tanzenden Steuerknüppels geht dem verhinderten Helden nun doch unter die Haut, oder, wenn man will: ins Gemüt. Plötzlich erlebt er – daß nichts als Luft um ihn herum ist. Die Einsamkeit fühlt sich nicht schlecht an. Mit einer minimalen Handbewegung kann er die ganze Welt da unten umkippen und ebenso leicht die schräge Welt wieder geraderichten – wer vermöchte das außer den Philosophen und Fliegern? Der Wald ist wirklich grüner, die Äcker sind akkurater gepflügt, um ihm zu gefallen. Er fliegt. Das Siebenmeilenstiefelgefühl.

Und nun sollte man ihn da oben sehen! Er tut lauter blödsinnige Dinge. Zum Beispiel singt er schrecklich laut: Ein Männlein steht im Walde, hurra, hurra. Indem er den Knüppel wegdrückt, wird er für einen Augenblick schwerelos. Indem er zieht, verdoppelt er sein Gewicht. Er fliegt eine steile Kurve, so daß sich der Himmel um ihn herum dreht, und als es dem Himmel schwindlig wird, steuert er taumelnd zum Flugplatz zurück.

Die Landung hat er leider ganz vergessen. Der schwierigste Teil. Augenblicklich läßt er das Denken sein und wird wieder zum Handlanger eines alltäglichen Wunders. Eine Bö pustet ihn von rechts an, die Landebahn verrutscht bis ins Seitenfenster. Was ist das für ein Fleck neben der Piste? Nur der Fluglehrer. Der kleiner werdende Mensch meint, ganz deutlich die Stimme zu hören, die den Motor überbrüllt. Gas weg, zu hoch, slippen, zu tief, zu langsam, Gas rein, Gas raus, immer noch zu schnell, linke Fläche hängt, ziehen, ziehen. Die Räder berühren den Boden, ehe er darauf gefaßt ist. Das Flugzeug macht einen flachen Sprung. Es geht alles viel zu schnell.

Der ganz große Mensch klettert heraus. Schon ist der Fluglehrer da und schneidet ihm, wie es üblich ist, die Krawatte ab. Als Gegenleistung bekommt der Flugschüler die Hand des Meisters, der nun spricht: »Gratuliere. Recht ordentlich. Machen Sie gleich noch drei, vier Platzrunden. Damit Sie bald fliegen können.«

Der Mensch, der soeben ein bißchen von seiner erdenbürgerlichen Unschuld verloren hat, starrt ihn sprachlos an. Er unterliegt der verständlichen Täuschung, er habe es bereits gelernt.

Auf dem Strich

Die Kunst der Navigation

Wenn man einem Flugschüler das Wort Navigation vorsetzt, strahlen seine Augen, aber seine Zähne klappern. Navigation ist eine wunderbare Wissenschaft. Man hat sie seit Columbus sehr verfeinert, so daß nun keiner mehr nach Indien startet und in Amerika herauskommt. Andererseits ist Navigation eine schwierige Wissenschaft. Manche Anfänger verwechseln deshalb auf ihrem ersten Überlandflug die Mosel mit dem Rhein, sie merken plötzlich, daß Saarbrücken unter ihnen liegt, keineswegs Karlsruhe, und nach der Landung stellt sich sogar heraus, es ist Würzburg.

Wer fliegen gelernt hat, muß sein Navigationstalent beweisen, sonst läßt man ihn gar nicht erst bei der Pilotenprüfung zu. Die Egelsbacher Flugschüler werden gewöhnlich auf eine Halbtagsreise geschickt, erst rheinabwärts, Mittagspause in Bonn, dann rheinaufwärts, Kaffee in Mannheim, endlich stolz heimwärts nach Egelsbach. Dort rennen sie sofort zum Telefon und erzählen ihren liebsten Hinterbliebenen mit ruhiger Stimme: »Bin übrigens wieder da. Nein, nicht die geringsten Schwierigkeiten gehabt. War nur ein Spaziergang.«

Die Wahrheit ist: Sie haben es als ein erregendes Abenteuer genossen. Sie haben abwechselnd gehofft, daß es bald überstanden wäre, und gewünscht, daß es kein Ende nähme. Man sehe sich so einen Lügner genauer an – der Telefonhörer zittert ja noch in seiner Hand!

Beim Überlandflug löst sich der flügge gewordene Vogel zum ersten Mal von seinem heimatlichen Nest, das er seit Wochen und Monaten bis zum Überdruß umkreist hat. Hundertmal ist er aufgeflogen, vierhundertmal hat er sich schräg in die Kurve geworfen, immer die Landebahn im Augenwinkel, hundertmal hat er den gelinden Stoß beim Aufsetzen verspürt und sich gefreut, daß es dem Maschinchen nicht die Füße verknackste. Nie ist er auf dem Bauch oder Rücken gelandet, was den Fluglehrer zweifellos mißtrauisch gemacht hätte. Und so läßt man den jungen Vogel eines Tages frei, in Richtung auf unbekannte Landschaften.

Der Navigationsflug, die Bewährungsprobe, findet nicht heute und nicht morgen statt; denn wir leben in Mitteleuropa, wo mit gutem Grund alle vom Wetter reden. Am Montag schneit es, und der Flugplatz wird gesperrt. Am Dienstag taut es, und die Wolken hängen fast bis auf den Boden. Am Mittwoch gefriert es, und die Landebahn ist nur für Schlittschuhläufer geeignet. Am Donnerstag hingegen scheint die Sonne, aber in Bonn hinter den sieben Bergen ist alles vernebelt. Auch am Freitag scheint herrlich die Sonne, jedoch, Mannheim liegt unter einer Dunstglocke. Am Samstag endlich wird aus Mannheim reine Luft gemeldet, während Egelsbach langsam im Regen versinkt. Am Sonntag . . .

Es dauert etwa drei Wochen. Sportflieger sind vom Wetter abhängig wie Eisverkäufer und Rheumakranke. Aber bevor sie vollends den Mut verlieren, werden sie von einem Hochdruckkeil überrascht, der sich erlösend in ihr trauriges Leben schiebt. Das Barometer ist guter Hoffnung. Mindestens dreißig Kilometer Sicht. Bonn hat keine Bedenken mehr. Frischer Ostwind. – Ein Wetter, als ob der himmlische Fischer selber einen Flug vorhätte.

»Gleich los!« sagt der Fluglehrer zur Begrüßung in Egelsbach. »Man weiß nie, ob sich's bis nachmittags hält.« Er drückt dem atemlosen Schüler einen Kasten in die Hand, worin es merkwürdig tickt. Keine Zeitbombe, vielmehr ein Barograph: der Kasten reist als Aufpasser mit und schreibt ununterbrochen die Flughöhe auf; er sammelt Indizien für oder gegen den Prüfling. Des weiteren wird der Ausflügler von einer Landkarte 1 : 500 000, einem logarithmischen Kursrechner, Papier und Bleistift, einer Wäscheklammer und mehreren »Hals- und Beinbruch«-Wünschen begleitet. Der Windsack auf der Stange wird von kleinen Böen gebeutelt, er zerrt an seiner Aufhängung und verkörpert die reinste Ungeduld.

Der Flugschüler räuspert sich, wie man das vor großen Taten meistens tut, und steigt mit kalten Füßen in die Kabine; sie ist eng und paßt ihm besser als ein Konfektionsanzug. Mit der Wäscheklammer befestigt er die Landkarte am linken Hosenbein, damit sie ihm nicht fortwährend unter den Sitz rutscht. Er schnallt sich an. Dann blickt er stumm auf das Instrumentarium. »Zündung ein!« Draußen wirft der Fluglehrer den Propeller an, die leichte Piper dröhnt und schüttelt sich. Jetzt muß der Motor erst einmal warm werden, was übrigens dem Flieger in dieser zugigen Kabine nicht gelingen wird.

Genug Zeit, die Ratschläge des Fluglehrbuchs zu repetieren. »Wie verhalten Sie sich bei Vergaserbrand?« Antwort: »Ruhig! Nicht gleich aussteigen!« – »Was hat bei allen Notlandungen, Unfällen, Schäden und sonstigen Störungen zu geschehen?« Antwort: »Es ist den zuständigen Stellen Anzeige zu erstatten.« Not kennt keinen Büroschluß, denkt er erleichtert.

Die paar Zeiger, die über das Wohlbefinden des Motors Auskunft geben, springen nervös hin und her, ein beruhigender Anblick. Der Drehzahlmesser geht beim Gasgeben hoch, der Propeller macht sich unsichtbar, und nach hundertfünfzig Metern kippt der ganze Egelsbacher Flugplatz nach hinten weg. Der Flieger fühlt sich sicher, die Luft hat ihn wieder. Er startet gen Osten, des Windes wegen, und kehrt in weitem Bogen, nun schon dreihundert Meter hoch, zum Platz zurück. Alle Instrumente normal, die Fußtemperatur ist eher noch gesunken. Der Kurs, den er errechnet hat, beträgt 260 Grad, beinahe westwärts.

Bonn liegt zwar anderswo, aber nördlich und nordwestlich von Egelsbach machen sich die großen Flughäfen Rhein-Main und Wiesbaden mit ihren Kontrollzonen und Verboten breit: für Sportflieger tabu. Darum muß der einsame Ausflügler zunächst bis an die Nahe navigieren, fast bis nach Bad Kreuznach, ehe er die Flugzeugnase bonnwärts richten darf. »Wenn du dich ein wenig verfranzt, ist das nicht weiter tragisch«, hat der Fluglehrer eingeräumt, »aber laß dich um Gottes willen nicht auf den Frankfurter Radarschirmen erwischen. Dann bist du als Flieger schon halb erledigt.«

Nach drei Minuten Flug findet sich der Nachwuchspilot in gänzlich fremden Gegenden wieder. Felder und Dörfer und Straßen ziehen langsam vorüber, natürlich nirgendwo ein Hinweisschild. Er kennt sich hier gut aus. Im Auto hat er keine Mühe, Groß-Gerau zu identifizieren. Aber von oben betrachtet, ist die Welt nicht mehr in Ordnung. Flieger sind unaufhörlich in Suchbildrätsel verstrickt. Wenn sie sich allein auf ihre Augen verließen, wären sie verraten und verkauft. In Todesangst, vielleicht, würden sie am Ende die Navigation erfinden. Zum Glück haben wir die schon.

Will einer von Egelsbach nach Bad Kreuznach fliegen, so kann er den Kurs auf seiner Fliegerkarte in Kompaß-Gradzahlen ablesen. Hält er sich daran, kommt er nimmermehr in Kreuznach an. Er muß nämlich vorher einige Fehler korrigieren: die Mißweisung der zum magnetischen Nordpol gerichteten Nadel, ihre Ablenkung durch Metallteile im Flugzeug – schließlich darf er den Wind nicht vergessen. Flugzeuge kleben nicht wie Autos am Boden, der Wind bläst sie mit Leichtigkeit aus der Bahn, er verändert ihre Richtung und Geschwindigkeit. Der Flugschüler läßt sich also rechtzeitig vom Wetteramt sagen, wie der Wind weht, dann rechnet er und rechnet, und wenn er nach vielen Seufzern die Lösung hat, pustet der Wind längst andersherum.

Das Wichtigste beim Navigieren ist ein dicker Bleistiftstrich auf der Landkarte. Der Strich geht quer durch Gebirge, kreuzt Flüsse und Eisenbahnlinien, tangiert Dörfer und Städte und endet auf einer Wiese in Bonn-Hangelar. Wenn der Pilot auf dem Strich fliegt, kann nichts schiefgehen. Daß er wirklich auf dem Strich ist, sieht er an den Bestandteilen der Landschaft, die rechts und links auftauchen und bestätigen, wie recht die Karte hat. Manchmal genügt eine Kurve, um die Kongruenz von Natur und Karte wegzuzaubern – dann schlägt sich der Rätselonkel vor die feucht werdende Stirn, blickt ängstlich auf die Benzinuhr und bereut von Herzen, daß er nicht Autofahrer geblieben ist.

Eine Stunde lang rattert die Piper wie eine schlecht geölte Nähmaschine über Berg und Tal, die Tanks sind beinahe noch voll, Binger Loch und Koblenz längst verflogen: voraus buckelt das Siebengebirge. Der Flieger verlagert sein Gewicht auf die andere Backe und trampelt, soweit Bewegungsfreiheit ist, ein paarmal mit den eiskalten Füßen auf den Kabinenboden. Die Piper schwankt. Sie kippt links ein bißchen weg, weil er freihändig geflogen ist – er braucht den Steuerknüppel bloß anzutippen, was er mittlerweile ganz mechanisch tut, schon liegt sie wieder richtig. Er sitzt nun knapp zweitausend Meter hoch. Der Himmel wirkt hier dunkler als von unten, er leuchtet schwarzblau. Ein Verkehrsflugzeug malt weiße Wolkenfäden in das Blau, zwei Starfighter tief unter der Piper scheinen Fangen miteinander zu spielen.

Die Welt als Landkarte, dreidimensional, Technicolor und obendrein belebt: schwer, sich daran sattzusehen. Aber nicht eigentlich das Gefühl zu schweben, zu fliegen, eher: in der Luft befestigt zu sein, während die Landkarte von einer freundlichen Allgewalt unter den Flügeln fortgezogen wird. Die Geschwindigkeit der Maschine ist nicht zu spüren. Ein zweites Flugzeug auf gleichem Kurs macht die himmlische Verwirrung komplett. Fünfzig Meter höher steht es still, zweihundert Meter voraus. Aber nun scheint es rückwärts zu schweben, kein Zweifel, es kommt näher und senkt sich lautlos wie in einem riesigen Aquarium. Nichts da, es ist nur langsamer und wird überholt, natürlich rechts, wie es sich gehört. Dann wird der Flugplatz ins Blickfeld geschoben.

Mit gedrosseltem Motor gleitet der kleine, gelbe Vogel hinunter, an Bonn vorbei, gerade startet ein Spielzeugflugzeug. Eine Schleife über der Sieg, viel zu tief! Im Langsamflug schleppt sich die Piper bis an die Landebahn und macht nach der ersten Bodenberührung noch zwei Freudensprünge. Miserabel, Freundchen! Für den Anfänger war dies ein ausgewachsener Langstreckenflug, so weit und so hoch ist er noch nie gewesen, und in seiner Erdferne und Ausgelassenheit hat er alles Gefühl fürs Abfangen und Aufsetzen verloren. Niemand beachtet die Ankunft, welche Enttäuschung – da er doch zum ersten Mal allein mit einem Flugzeug von weit her zugereist ist.

Immerhin ist es ein bedeutender Augenblick, als er bei der Flugleitung seinen Stempel bekommt und die Landegebühr bezahlen darf. Der Flug wird aktenkundig. Wer zahlt, ist wirklich anerkannt. – Nachher läuft er zwanzig Minuten auf dem Flugplatz umher, bis er einen Kundigen gefunden hat, der die Schraube wieder anwirft. Es ist gefährlich. Kaum einer von den neuen Piloten hat es gelernt. Die modernen Sportflugzeuge kann man wie ein Auto anlassen. Die Piper wartet startbereit am Ende der Bahn. Vollgas, up, up and away. Übers Siebengebirge zurück.

Von Koblenz bis zur Bopparder Rheinschleife ist er eine Ewigkeit unterwegs, die Wälder bewegen sich in Zeitlupe fort, irgend jemand scheint die Piper am Schwanz festzuhalten. Der Flugschüler sieht sich verärgert um – nichts, nur die Sonne grinst ihn an. Ein kräftiger, böiger Gegenwind stemmt sich dem schwachen Maschinchen entgegen. Die Autos im Tal sind schneller, wie blamabel. Bei Langenlonsheim an der Nahe ist eine Kurskorrektur nötig, dann fliegt er zur Abwechslung mal ganz niedrig, hundertfünfzig Meter, über die Häuschen und Äcker weg. Mannheim ist nicht zu verfehlen, es breitet sich am Horizont als steinerne, geometrische Wildnis aus und raucht aus allen Schloten.

Der Platz liegt hinter der Stadt, eingekeilt zwischen Häusern, Eisenbahn und Autobahn. Er überfliegt ihn, um die Landerichtung zu erkunden, dann schwebt er ein. Die Landung noch schlechter als vor zwei Stunden: der gehässige Wind lüpft nach dem Aufsetzen noch einmal die linke Tragfläche, die Piper torkelt auf einem Bein, der Pilot hält den Atem an und sieht im Vorbeihuschen, wie jemand die Hände überm Kopf zusammenschlägt – na na, liebe Mannheimer, nur nicht gleich die Nerven verlieren! Der junge Flieger, der seit dreieinhalb Stunden ein alter Hase ist, rührt mit dem Steuerknüppel und bringt sein Flugzeug zur Raison.

Von Mannheim nach Egelsbach ist es ein Katzensprung, entlang der Autobahn. Der Wind wird aber nun ganz wild, er verwandelt die brave Maschine in ein bockendes Pferd, das ausbricht und den Reiter abzuwerfen versucht, aber der ist fest versattelt und muß höchstens befürchten, daß ihm der Puls davongaloppiert. Hinter dem Odenwald steht schwarz eine Wetterfront und sperrt das Maul auf. Heilfroh entsteigt der Überlandflieger in Egelsbach dem tapferen Maschinchen, das er wider Erwarten in Gänze auf den Boden gebracht hat. Als er zum Telefon geht, schwankt er wie ein Seemann gegen Ende seines Landurlaubs. Dann lügt er mit ruhiger Stimme: »War nur ein Spaziergang.«

Navigation ist eine Wissenschaft, die einen ganz schön mitnehmen kann.

Wir fliegen wie die Teufel

Deutschlandflug I

Seitdem die Öffentlichkeit erfahren hat, was für tolle Kerle wir sind, lädt man uns zu allen guten Gesellschaften ein und berauscht sich an unseren Taten. Erzählen Sie doch, liebe Freunde, Sie müssen ja geflogen sein wie die Teufel! Am Anfang folgten wir nur widerwillig. Mit großer Verlegenheit wehrten wir die uns dargebrachten Ehrenbezeigungen ab und behaupteten, auch andere Menschen verstünden sich nicht schlecht auf die Kunst des Fliegens. Das wollte uns natürlich keiner glauben. Wer hat denn den silbernen Ehrenpokal gewonnen, die anderen oder wir? Bescheidenheit macht unglaubwürdig. Man muß schon Wind säen, um Beifallsstürme zu ernten.

So führen wir jetzt den silbernen Pokal immer diskret bei uns, um den Freunden der Sportfliegerei entgegenzukommen. Kaum sind wir irgendwo aufgetaucht, entreißt man uns dankbar die Trophäe und ruft: Was haben wir denn da? Ach, nur so eine kleine Erinnerung. Zu dieser Bemerkung machen wir jene lässige, wegwerfende Handbewegung, wie sie allen Siegern eigentümlich ist. Schon fängt alles an zu flüstern: Das sind doch die siegreichen zwei! Der Hausherr füllt schnell drei, vier Flaschen Sekt in unsere kleine Erinnerung, so daß sie etwa halbvoll ist – und sagt folgendes:

In unserer Mitte, meine Damen und Herren, weilen die beiden kühnen Männer, die diesen einmaligen Preis bei einem harten fliegerischen Wettbewerb errungen haben. Er verschweigt, daß es auch größere Pokale zu gewinnen gab, und wir sind nicht so unhöflich, ihn zu berichtigen. Allenfalls ergänzen wir seine Worte: gewonnen gegen eine übermächtige, professionelle Konkurrenz. Dann verneigen wir uns knapp, bei längerem Applaus etwas tiefer. Man bittet uns um Bericht.

Der Pilot gibt etwas Bitterkeit in die Mundwinkel, was die allgemeine Anteilnahme erhöht, und der Navigator beginnt mit dem kleinen Fliegerlatinum. Seine Abenteuer sind variabel wie das Leben selbst. Erlauben Sie mir, sagt der Navigator, daß ich zunächst ein verhältnismäßig harmloses Erlebnis zum besten gebe. Es war an einem dieser heißen Junitage, als der Schwarm der fünfzig Flugzeuge, gehetzt vom Zeitplan eines schonungslosen Wettkampfs, auf dem Weg von Landshut nach Würzburg war. Wir hatten wieder mal einen tüchtigen Vorsprung und schwebten auf leichten Flügeln über der Donau. Allzu schnell kamen wir nicht vorwärts, denn wir flogen ja stromaufwärts. Dann aus heiterem Himmel dieses furchtbare Gewitter!

Der Sturm heulte, und ich war nahe dran. Der Pilot hielt den um sich schlagenden Steuerknüppel mit beiden Händen fest. Wolkenfetzen zerrten an den Tragflächen. Der Pilot wurde erst unruhig, als wir mit einem Mal die Donauwellen über uns sahen. Eine solche Fluglage, müssen Sie wissen, ist recht ungewöhnlich. Nun, da blieb auch noch der Motor stehen. Instinktiv griff ich zu meinem Talisman – hier, der kleine Wicht, wie oft hat er mir schon das Leben gerettet! Wo war ich? Richtig, höchstens noch fünf Meter hoch. Wir bereiteten uns auf die Donau und das Ende vor. Noch geschah nichts, doch, es geschah etwas, ein Wunder. Ein Blitz schlug in die Zündkerze. Der Motor sprang wieder an. Er sprang wahrhaftig an. Es war der schönste Blitz meines Lebens.

Nach dem Blitzschlag, der den Höhepunkt des Abenteuers darstellt, läßt der Navigator gewöhnlich das Unwetter zu Ende gehen. Aber wir haben ja noch mehr Gewitter; sie sind, je nach Zuhörerkreis, von unterschiedlicher Dauer und Durchschlagskraft.

MUR.

Bei schreckhaftem Publikum lassen wir übrigens den Motor weiterlaufen, bei alten Kriegsfliegern erreicht uns der Blitz erst fünfzig Zentimeter über dem Wasser.

Nun hat uns neulich ein begeisterter Zuhörer beiseite genommen und uns ans Herz gelegt: Das sollten Sie alles einmal niederschreiben, was Sie da beim Deutschlandflug durchgemacht haben. Das läse sich ja wie ein Roman. Besonders die Sache, wie Sie auf der Kanonenkugel geritten sind!

Ernüchtert kehren wir zu den paar Notizen zurück, die wir aus der Luft mitgebracht haben: zum Gerippe der Wahrheit, von dem das Fleisch des Übermuts abgefallen ist. Die Wahrheit hat es schwerer.

Eine kleine dröhnende Kabine, die jetzt, da wir gerade gestartet sind, etwas schräg in der Luft hängt, aufsteigend in einer Linkskurve. Das Gehäuse ergänzt sich nach außen zu einem minimalen Flugzeug. Nach unten streckt es drei Beinchen aus, nach den Seiten die beiden obligaten Flügel, die uns in unsichtbarer Strömung tragen. In die Kabine passen gerade zwei Leute; sie sind, darin festgeknüpft, auf Gedeih und Verderb mit ihr verbunden. Bei längeren Reisen muß man gutes Sitzfleisch haben, aber nicht zuviel davon: hierin herrscht drangvoll sportliche Enge. Bewegungsfreiheit genießen nur die Hände. Vier Hände können Hand anlegen, und das reicht aus, um alle zwei Dutzend Schalter und Hebelchen zu bedienen, Kartenpakete zu sortieren, Kurslinien einzuzeichnen, die Rechenscheibe zu drehen, die Sprechfunktaste zu drükken und gelegentlich hinunterzudeuten: dort, der Chiemsee!

Die vier Hände gehen bald eine selbständige Lebensgemeinschaft ein, der man nicht dreinzudenken braucht; unser Leben ist in guten Händen. Ein Zeigefinger ist abgeordnet, langsam auf der Landkarte, die wir übers Knie gelegt haben, entlangzuwandern. Es ist die gleiche Bewegung, die das Flugzeug dreihundert Meter hoch über der Landschaft ausführt. Erstaunlich, wie strikt sich die Natur nach der Landkarte richtet. Wo eine blaue Linie Wasser vorschreibt, erscheint tief unten blinkend ein Fluß. Wo schwarze Linien von Ort zu Ort gezogen sind, liegen Eisenbahnschienen. Wenn wir nur aufmerksam genug sind, identifizieren wir jedes Dorf an der Strecke. Terrestrische Navigation: die schwierige Kunst, Berge, Täler, Städte und Flüsse wiederzuerkennen, die man nie gesehen hat.

Das glückt nicht immer. Zwischen Dortmund und Wipperfürth, von Regenwetter bedrängt, sind wir so sehr mit Ausweichmanövern beschäftigt, daß uns Hügel, Dorf und Eisenbahn entgehen. Die Sicht ist miserabel. Nun sehen wir ein Stück Vorstadt mit Bahnhof, eine Eisenbahnbrücke, eine Flußschleife. Die Karte bietet reiche Auswahl, aber ehe wir uns entscheiden können, steht unten schon ein Bauernhof am Bergeshang zur Diskussion. Nirgendwo finden wir Anschluß.

Wer das zum ersten Mal erlebt, verspürt ein eigenartiges Gefühl der Hilflosigkeit. Die Maschine ist intakt, die Erde, wenn auch ein wenig verschwommen und vom Wetter mit Düsternis ausgestattet, zieht wie immer still unter den Tragflächen vorbei. Autos kriechen auf den Straßen herum, und Eisenbahnen fahren: woher, wohin? Man kann ja nicht einfach die Leute ansprechen: »Verzeihen Sie, daß wir so unhöflich sind, Sie im Vorüberfliegen zu belästigen. Wir möchten nur wissen, wie dieses hübsche Städtchen heißt.« Solange wir blindlings in der Luft kreisen, ist unsere Zugehörigkeit zu dieser Welt, deren Zugang wir nicht finden, in Frage gestellt. Es geht auch nicht an, daß wir verschnaufen, um die Sache in Ruhe zu überdenken. Man muß in rasender Bewegung verbleiben, bis die Kongruenz von Land und Karte wiederhergestellt ist. Es dauert eine halbe Stunde und gelingt bei Wuppertal, wohin wir nie wollten.

Nirgends fühlen wir uns sicherer als in der Luft. Erst die sich nähernde Erde schafft Unruhe. Wenn der Pilot den gesuchten Landeplatz ausgemacht hat, schiebt er mit einem Ruck alle Wegweiser von sich, die Karten, das Kursdreieck und die Stoppuhr. Der Mensch kehrt zu seinem Ausgangspunkt zurück, jetzt darf er sich wieder gänzlich auf Hand und Auge verlassen. Wir melden uns per Funk unten an, wir: der winzige schwarze Punkt, der sich dem Platz von Osten nähert. Die Erde reckt uns Baumwipfel entgegen, Wiesen und Zäune, sanft gleitet das irdische Inventar heran. Die Grasbahn empfängt uns mit hartem, abweisendem Stoß: o trügerische Sanftheit.

Wir schwebten nie auf leichten Flügeln über der Donau. Wer vermöchte das auch? Von der Erde aufzufahren und zu fliegen ist eine ungeheure Kraftanstrengung. Man kann sie zum Glück ganz der Maschine überlassen. Menschenflug: nichts von Leichtigkeit, nichts von Schweben! Das Flugzeug, das vibrierend vor Energie am Anfang der Startbahn steht, nimmt all seine Kraft für den großen Anlauf zusammen. Der Motor stimmt frenetisches Geheul an. Schwankend und holpernd rollt es an. Flugzeuge bewegen sich auf der Erde so unsicher wie Lurche: fester Boden ist nur ihr zweitbestes Metier. Der Propeller rotiert so schnell, daß die Maschine noch gar nicht recht mitkommt. Der Wind legt sich in die Ruder, er umfaßt das rollende Gehäuse und ermuntert zum Aufstieg. Aber daraus wird noch nichts. Der Geschwindigkeitsmesser entlarvt den Verführer, der schon so viele Leichtsinnige fallenließ. Erst bei fünfzig Knoten wagen wir den Sprung ins Leere hinaus, und der Wind, nun eine zuverlässige, berechenbare Strömung, muß uns tragen, wohin wir wollen.

Wir wollen von Süd nach Nord. Der Sprung geht vom Bodensee zur Nordsee, ein Sprung über Deutschland hinweg. Die einzige Reise, vier Tage lang, macht hundert verschlafene Erdkundestunden wett. Sommerlich dampft der Bodensee, Hochdruck, Tiefdruck, Gewitterfront. Die Mittelgebirge, der geologische Szenenwechsel. Das Alte Land und das werdende Land an der Küste. Die Schlote des Reviers, die ihre Industrieschwaden bis zu uns hinaufstoßen. Beim Hineinfliegen denken wir: Hier also – hier werden die Wolken gemacht.

Wenn sie nicht gerade im Ruhrgebiet erzeugt werden, sind die Wolken eine willkommene, lebendige, ständig sich wandelnde Staffage des Himmels. Die blaue Wüste belebt sich mit Gebirgen, mit Polarlandschaften, mit drohenden Schluchten oder gespenstischen Schleiern. Über Norddeutschland treffen wir einmal eine ganz kleine Wolke: Das ist nur ein verirrter Wattebausch von fünfzig Meter Länge. Er schwebt zufällig in gleicher Höhe, vielleicht siebenhundert Meter hoch; wir fliegen kalt lächelnd mittendurch.

Mag sein, es war ein Racheakt. Denn einen Tag vorher waren wir von einer Wolke ungehörig erschreckt, ja bedroht worden; ein anderes Kaliber freilich. Sie bedeckte den Himmel vollständig und schien sich wie eine dunkle große Qualle auf unser fliehendes Flugzeug hinabzusenken. Wir sanken tiefer, um ihr zu entgehen. Aber bald nahm sie den ganzen Horizont ein. Nur nordwärts, wo die Elbe liegen mußte, ließ die Wolke eine Öffnung zum Licht. Der Anblick der dunklen Wand, in der ein helles Loch klaffte, war von einer gefährlichen Schönheit. Der Ausschlupf verkleinerte sich zusehends. Wir erreichten die Elbe am Krautsand, wo der Nebel die Grenzen zwischen Land und Wasser fast aufgelöst hatte. Hinter dem schwarzen Strom flogen wir an Glückstadt vorbei. Glückstadt verbarg sich vor uns, es war nur eine dunkelgraue Andeutung geometrischer Strukturen: die Stadt auf dem Boden des Wolkenmeeres. Wir sind bis heute nicht sicher, ob sie von Menschen bewohnt wird. In solchem Wetterbrei verliert man die Ereignisse der Welt aus dem Auge. Und bräche drunten der Jüngste Tag herein – wir kämen in Flensburg an und wüßten von nichts. Zum Glück geschah nichts dergleichen. Im Tiefflug entschlüpfte das kleine Flugzeug der Falle und brummte nach Itzehoe in den blauen Fliegerhimmel.

Wie wir das gerade noch geschafft haben? Wir sind – ehrlich, Freunde! – geflogen wie die Teufel.

Schloßbesichtigung mit der Stoppuhr

Deutschlandflug II

Laßt uns etwas sagen zur Pathologie der Piloten. Die vom Fliegen nie genug kriegen können. Die Diagnose heißt nicht Flugsehnsucht, sondern Flugsucht. Man mache sich nicht die Mühe, die verirrten Erdenmenschen in der Wettbewerbssaison anzurufen – sie sind nicht zu Hause. Am Telefon meldet sich eine etwas melancholisch klingende weibliche Stimme: »Mein Mann? Na, wo wird er schon sein. Er hängt irgendwo zwischen Nordsee und Schwarzwald in der Luft herum.« Dies ist vielleicht die Stunde der Hausfreunde. Jedenfalls ist es die Jahreszeit der Piloten.

Alle zwei Jahre wird ein schöner Alptraum wahr. Der Alptraum heißt Deutschlandflug und geht auf das Jahr 1912 zurück, als die Flieger sich noch eindrucksvoll die Rippen zu brechen pflegten. Heuer brauchen sie sich beim Fliegen nur noch den Kopf zu zerbrechen. Wenn der Deutsche Aero Club an die Knüppel ruft, hängen dreihundert Sportpiloten Beruf und Familie an den Nagel, um vier Tage lang als eine knatternde himmlische Heerschar durch die Luft zu vagabundieren. Von Lübeck bis Leutkirch pakken sie mit fliegenden Händen ihre Koffer. Zwei Mann sind eine Mannschaft. Sie holen den Riesenschuhanzieher, öffnen die Kabinentür, schlüpfen hinein und fühlen sich wohl. Sogar der Lufthansakapitän, der sonst ein paar Nummern größer fliegt, hält die Kabine seines Sportflugzeugs für den schönsten Lustgarten. So viel Lebensfreude auf so engem Raum! Als er versucht, breit zu grinsen, stößt er natürlich gleich am Armaturenbrett an.

Man braucht: einen Luftfahrerschein, eine Sportlizenz, mindestens hundert PS unter der Haube, ein paar graue Zellen unter der Schädeldecke und ein paar Mark auf dem Konto. Die paar Mark überweist man als Nenngebühr und erhält dafür eine Postkarte, darauf in zierlicher Handschrift geschrieben steht: Zielband Hartenholm 13.08 Uhr. Sportflieger, die einem Wettbewerb entgegenfiebern, lesen solche Karten mit der gleichen Freude und Verzükkung, als habe ihnen eine angebetete Frau einen Zettel mit dem Wort »Samstag abend!« zugesteckt.

Treffpunkt ist also diesmal ein weißes, auf dem Boden liegendes Zielband bei Hartenholm, nördlich von Hamburg. Auf die Sekunde genau, 13.08 Uhr. Und wenn dann einer frühmorgens am Bodensee abgeflogen ist und tatsächlich mit nur zwei Sekunden Verspätung über das Ziel schießt, hat er nicht nur sein Sitzfleisch, sondern auch weiter oben einiges strapaziert. Das Unglaubliche ist, daß sie wirklich alle zur Stelle sind: Der eine schleppt seine Maschine mühsam im Langsamflug heran, weil er plötzlich bemerkt hat, daß er eine ganze Minute zu früh ist, der andere, dem zehn Sekunden zum Glück fehlen, hetzt seinen Motor mit Vollgas über die letzten Meter.

Wettbewerbe würzen die Fliegerei, manchmal versalzen sie einem den ganzen Tag. In Greven, im Münsterland, bekommen wir ein halbes Dutzend Luftbilder: Flußschleife, Straßenkreuzung, ein Stück Dorf. Wir sollen die Objekte im Gelände finden. Wie Spürhunde, Nase am Boden, fliegen wir dem Strich auf der Landkarte nach, Richtung Südost, die Fotos auf den Knien. Zwanzig Pluspunkte für jedes, das wir identifizieren. Die aufregende Jagd wird von einer freundlichen Sonne beschienen. Unten bewegen sich wie am Fließband blaßgrüne Felder vorbei. Erst am Abend, als wir müde im Gras sitzen, um die Sache zu bereden, entdecken wir auf der Landkarte, daß der Kurs die Stadt Münster tangiert. Die Stadt Münster? Wir waren fast drüber und haben nichts von ihr gesehen.

Im Verschleudern von Sehenswürdigkeiten sind die Deutschlandflieger groß. Um 11.58 Uhr überqueren wir nachweislich die Möhnetalsperre. Aber frage niemand, wie sie aussieht! Das Auge starr auf die Stoppuhr gerichtet, lassen wir uns die Sekunden durch den Kopf rieseln und sehen, ohne hinzusehen, die Staumauer auf uns zukommen. Noch zehn Sekunden, noch acht, noch drei. Als wir das Maschinchen in den Steigflug hochziehen, sind wir so verbohrt in Rechnerei, daß wir nicht die geringste Erinnerung an das imposante Bauwerk mitnehmen. Hoch scheint es zu sein, halbrund, grau, aber wer will das so genau sagen.

»Dem Flugzeug", schrieb Antoine de Saint-Exupéry, „danken wir die Entdeckung des wahren Gesichts unserer Erde." Du Ahnungsloser!

Ob wir das je schaffen? Zu sagen, warum Fliegen so schön ist? Seit Jahren wetzen wir uns den Verstand wund, doch wir werden's nimmer schaffen. Vielleicht ist es das: wie Fische in einem Aquarium zu schweben, aufwärts und abwärts, über Schlingpflanzen und Kirchtürme hinweg. Dritte Dimension. Die Welt hat sich auf die Begriffe rechts und links versteift, aber wir wissen, daß es auch oben und unten gibt.

Ein Ausflug in die Alpen. Das Flugzeug quält sich langsam in die dünne Höhenluft. Über Oberstdorf, nach zwanzig Minuten, hat es achttausend Fuß, fast sind wir schon in Boeings Jagdgründen. Almen und Matten und grüne Bergseen. Übers Nebelhorn hinweg, eine Scheibe Österreich abgeschnitten. 10200 Fuß hoch: unten die zackige Zugspitzöde, obenauf ein Krümel Zivilisation. Das Zugspitzhaus wie draufgeklebt, kleine Menschen sitzen in der Sonne und winken dem Maschinchen zu, in dem sie zwei kleine Menschen zu erkennen glauben.

In der Fränkischen Schweiz sind Burgen und Schlösser zu finden, eine sozusagen kulturelle Aufgabenstellung. Die Luftbilder der Schlösser hat man den Besatzungen vor dem Start in Herzogenaurach ins Cockpit gereicht, die Route ist anhand der Koordinaten zu errechnen. Schwarzenberg, Greifenstein, Rabeneck, Thiergarten: Über den Burgzinnen kreisen die Flugzeuge, die Flieger starren auf ihre Unterlagen, und die engen Kabinen werden zu Schwitzkästen, weil eine Schloßbesichtigung nach der Stoppuhr ein ziemlich anstrengendes Vergnügen ist. Ein halbes Dutzend Schlösser und Burgen in einer halben Stunde zu bewältigen – so was können sich nur fliegernärrische Männer mit Logarithmenköpfen einfallen lassen. Man muß zugeben, daß der kulturelle Aspekt dabei ein wenig zu kurz kommt.

Tauber, Jagst und Neckar liegen glitzernd im Licht einer schon schräg stehenden Sonne – ach, Fluß ist Fluß, mahnt der Sekundenzeiger.

Von Bremerhaven bis Wangerooge können wir faulenzen. Das Flugzeug ist ausgetrimmt und läuft ruhig dahin wie ein Airliner. Gelegentlich erzittern die Flächen unter einem Luftstoß, der uns aus der Bahn schubsen will; mit dem kleinen Finger kriegen wir den sensiblen Vogel wieder in die Waagrechte. Wir reden wenig, der Motor nimmt uns ja das Wort aus dem Mund. Dreihundert Meter tiefer glänzt das Wattenmeer, es glänzt wie eine Fläche aus dunklem Öl, und mittendrin schwimmt ein blasser Pfannkuchen. Heißt Alte Mellum. Eine halbwüchsige Sandbank, die schon fast eine erwachsene Insel ist. Ein einziges Haus steht darauf, fleckenweise umgrünt. Wer da wohnt, ist bei Ebbe Großgrundbesitzer und Kleinbauer bei Flut. Wohnt da wer? Als wir über Mellum sind, sehen wir im Nordwesten einen hellen Streifen aus dem Meer auftauchen, Wangerooge, die Sonne brennt darauf und läßt alsbald Häuser wachsen, einen Leuchtturm und endlich Lebewesen, die am Strand Urlaub machen. Denen fliegen wir was zur Begrüßung. Als wir mit offenem Fenster über die Düne fegen und aus fünf Meter Höhe winken, klappen die Muscheln vor Schreck ihre Schalen zusammen. Die Feriengäste aber kommen zum Flugplatz gelaufen und freuen sich unseres Lebens.

Hartnäckig hält sich das Gerücht, die Flieger seien reiche Leute. Wie falsch! Fliegen ist heutzutage der schnellste Weg, arm zu werden. Wen die Leidenschaft einmal gepackt hat, der gibt dafür sein letztes Hemd. Daß die Deutschlandflieger zur Mittagszeit ohne Hemd im Gras sitzen und auf den Fortgang des Wettbewerbs warten, ist allerdings nicht der Steuerpolitik, sondern der wärmenden Sonne zuzuschreiben. Fliegerwetter, wie man sich's besser nicht wünschen kann. Beim »Briefing« tritt der Meteorologe vom Dienst etwas verlegen vor die versammelte Mannschaft, mit leeren Händen, ohne Tiefdruckausläufer, Gewitter, Sturmwind oder Hagelschlag.

Der Deutschlandflug ist auch ein gesellschaftliches Ereignis. Die Gesellschaft ist sehr gemischt, altgediente Fluglehrer und stramme Fliegeroffiziere, Lufthansapiloten und Ingenieure,

Kaufleute und Werkzeugmacher fliegen mit, um für sich, ihren Verein oder ihre Firma Ehre einzulegen. Abends beim Essen wird große Konversation im Blazer gemacht, und das Thema ist bei Fliegern immer dasselbe. Einige sitzen schon wieder über ihren Berechnungen, zeichnen Längen- und Breitengrade ein und diskutieren das äußerst wichtige Problem, ob man die Zweihunderttausenderkarte so herum oder andersherum falten soll. Morgen früh, im engen Cockpit, wenn der Sekundenzeiger läuft, kann eine Landkarte zu einem riesigen, störrischen Hindernis werden.

Manchmal ist man stundenlang allein am Himmel, manchmal nur Verkehrsteilnehmer. Ein dunkler Punkt kommt uns entgegen. Kaum haben wir mit den Augen geblinzelt, ist der Punkt ein Phantomjäger, hundert Meter tiefer, husch und vorbei. Für den Bruchteil einer Sekunde sieht man den behelmten Piloten heraufschielen wie zum Gruß. Die Meute der Deutschlandflieger, die fast gleichzeitig mit uns gestartet sind, scheint sich jedesmal ins Nichts aufzulösen – erst am nächsten Flugplatz nehmen sie wieder Gestalt an und wimmeln zu Dutzenden über der Landebahn. Herrje, wie zerbrechlich ihre Maschinchen aussehen!

Über dem Sauerland geht die Sicht zurück, und an der Weinstraße müssen wir im Regen tief hinunter, um den Weg zu suchen. Auf der Autobahn bei Mannheim fahren die Autos mit Licht, nachmittags um drei. Wir hängen hundertfünfzig Meter über ihnen und lassen uns lotsen. Wenn wir jetzt von der Straße abweichen, fliegen wir blindlings in die Aktenschränke der Versicherung. Was, unter anderem, macht das Fliegen so schön? Daß man so unabhängig von Straßen, Bahnen, Verkehrsgewühl ist. Aus einer Werbeschrift für Sportflugzeuge.

Eva landet in Gibraltar

Auf Langstrecke

Wir sind zu dritt in eine kleine dröhnende Kabine gepfercht, mit Bauch- und Schultergurten an die Sitze gefesselt, von Schwimmwesten eingeschnürt bis zur Bewegungslosigkeit – kurzum, wir genießen die grenzenlose Freiheit des Himmels, die der Flieger über alles liebt. Die kleine Kabine schwebt zwölfhundert Meter hoch über dem Mittelmeer. Der Propeller schlägt einen flirrenden

Kreis, in dem sich Wasser und Himmel nahtlos vermischen. Unter dem rechten Flügel haben wir Afrika, unter dem linken Europa. Das ist eine famose geographische Konstellation, bieten sich doch im Notfall gleich zwei Kontinente für eine Bruchlandung an. Aber kein Gedanke an Bruch! Alle Zeiger stehen stramm im grünen Bereich, und auch die Sonne scheint vorschriftsmäßig, hier Schweißperlen, da Quellwolken hervorbringend.

Drei Flieger, ein Flugzeug, acht Tage Ferien, was kostet die Welt? Im April trafen wir Reisevorbereitungen. Wir notierten sehens- oder landenswerte Orte, studierten Flugsicherungskarten und Großwetterlage. Wir verglichen Spritpreise und Flughafengebühren und strichen Griechenland von der Wunschliste. Der eine erwärmte sich für Schottland, der andere schielte nach Sizilien, und dann sagte Herbert: »Gibraltar! Das wäre fliegerisch sehr interessant.«

Fliegerisch interessant: was immer das heißt, es ist ein Argument, das schottische Ruinen und sizilianische Nächte sogleich ihres Zaubers beraubt. Also Gibraltar. Für Leute, die nicht fliegen, gibt es keinen vernünftigen Grund, nach Gibraltar zu reisen. Ein Felsen mit wilden Affen drauf, nicht wahr, und zahmen Engländern. Mediterraner UK-Verschnitt. Die letzte Kolonie in Europa. Auf der Landkarte sieht Gibraltar wie ein kleiner Schwanz aus, den Iberien ins Meer hängen läßt: der Schwanz, auf den die Spanier sich von den Engländern getreten fühlen. Und zwar seit 1704. Vor fünfzehn Jahren verhängte Franco eine Blockade über Gibraltar, und so wurde aus der Halbinsel eine Insel. Fliegerisch sehr interessant.

Eva wiegt, wenn sie voll ist, knapp eine Tonne: ein zierliches, anmutiges Ding aus Dijon, ganz in Weiß, mit blauen Streifen. Wir nennen sie Eva, weil sie die Kennbuchstaben D-EEVA erhalten hat. Wird sie von fremden Männern angesprochen, zum Beispiel Fluglotsen, kommt nur die förmliche Anrede in Frage: Delta-Echo-Echo-Victor-Alpha, aber wir erfreuen uns einer intimen Beziehung zu ihr: Eva.

Daß in Dijon noch Holzflugzeuge gebaut werden wie in alten Zeiten, beruht nicht auf Nostalgie, sondern auf Ökonomie. Eva, das Leichtgewicht, trägt uns in einer Stunde zweihundert Kilometer weit und braucht dafür nicht mehr als 26 Liter Sprit. Sie hat Platz für vier und ist ideal für drei. Auf dem vierten Sitz stapeln sich Landkarten, Flugplatzskizzen, Pullover und Badehose, Geldscheine und Quittungen für gehabte Geldscheine. Abends räumen wir Eva auf und binden ihre Flügel am Boden fest.

Am Abend des ersten Tages saßen wir in einem Dorf bei Perpignan, im Hotel Alta-Riba, und tranken weißen Roussillon. Draußen tobte ein Sturmwind, der den Bäumen die Äste verrenkte. »Das glaubt uns kein Mensch«, sagte Gottfried traurig und blätterte im Bordbuch. Nämlich, daß wir in drei Stunden und elf Minuten vom Schwarzwald bis an die Pyrenäen geflogen sind. Wie Angler und Jäger gelten auch Flieger als unverschämte Aufschneider und leiden darunter, daß man sie der Wahrheit nicht für fähig hält. Alles lächelt, wenn sie den Mund voll nehmen oder auch nur aufmachen. Ach, ihr Flieger!

Im Rheintal hatten wir Regen und Graupelschauer, über dem Genfer See den üblichen Wolkenstau. Dann wurde es besser. Grüß dich, Matterhorn! Tief unter uns bewegte sich ein winzig kleines Flugzeug, und als wir genau hinsahen, war es ein Jumbo-Jet, der eben in Genf abgehoben hatte. Wir flogen in 2000 Meter Höhe. Der Mistral packte Eva und pustete sie südwärts durchs Rhonetal zum Meer. Mit fünfzig Knoten Rückenwind nahmen wir die Provence. Flüchtig kam der Pont du Gard ins Bild, Nimes und seine Arena, die rechteckige Stadt Aigues-Mortes, die sich vorzüglich zur Orientierung eignet. Flieger verschenken die schönsten Sehenswürdigkeiten am Weg und haben immer ein schlechtes Gewissen dabei und denken: da müßtest du mal wieder hin. Schon sind sie drüber weg.

Als wir Viertel vor sechs in den Wind drehten, um auf dem Flughafen Perpignan zu landen, blieb Eva in der Luft fast stehen, so stark war der Sturm. Mit Vollgas erreichte sie die Landeschwelle. Gleich kam der Tankwagen, um sie zu beschweren und uns zu erleichtern. Zwei französische Flieger, die sich mühsam aus Spanien heimgeknüppelt hatten, zurrten ihre Piper Cub fest und behaupteten, Gibraltar sei zu. Wir gingen zur Paßkontrolle.

Am Abend des zweiten Tages tranken wir einen andalusischen Landwein in Torremolinos, in der himmelhoch aufgetürmten Urlauberstadt, die wir nicht freiwillig, sondern aufgrund sprachlicher Mißverständnisse zum Nachtquartier gewählt hatten. »Das glaubt uns wieder kein Mensch«, sagte Gottfried melancholisch. Daß wir mit einem einzigen großen Sprung von Perpignan nach

Malaga gekommen sind. Der Flug ging über die dunstige Barriere der Pyrenäen, über Barcelona, Valencia, Almeria und dauerte fünfeinhalb Stunden. Das Land, das wir sahen, war von einem hellen Braun, trocken und öd, und braun waren auch die Dörfer und Städte, ja, sogar die Straßen, staubbedeckt.

Vor Valencia stiegen wir über die Wolken, die Wegelagerer, die sich breit machten und mit grauen Fingern nach Eva griffen. Die Fluglotsen genehmigten 2600 Meter Höhe. Da waren wir schon weit entfernt von der Erde und ihren Bewohnern, von der terrestrischen Wirklichkeit aus Stein und Sand und Wasser, da bewegten wir uns in der abstrakten Geometrie von Peilsendern, Standlinien, Radialen und Luftstraßenkreuzungen. Wir haben wenig gesehen und viel erlebt. Der Himmel über uns war so blau, so saftig blau, daß man hätte hineinbeißen können – pardon, dies entspricht nicht der Wahrheit, aber der Stimmung jener Stunden.

Auf dem Weg von Almeria nach Malaga drückten wir zweitausen Meter Höhe weg. Meldepunkt war der Hafen, dort erhielten wir die Landefreigabe. Als Evas Räder die Landebahn 14 berührten, drängte der Tower zur Eile – wir hatten eine Boeing von Condor im Nacken. Gerade fing die Reisesaison an.

Arbeitsteilung im Cockpit: Wer links sitzt, ist Pilot. Wer rechts sitzt, macht den Funksprechverkehr. Wer hinten sitzt, hat nichts zu tun und gibt dauernd besserwisserische Bemerkungen von sich: An deiner Stelle würde ich die Wolke östlich umfliegen, an deiner Stelle würde ich jetzt mit der Drehzahl heruntergehen, an deiner Stelle würde ich mehr auf das VOR achten, der Zeiger wandert ja schon wieder aus. Doch Eva macht es dem Piloten leicht, sie ist wendig wie ein Rennpferd, geduldig wie ein Ackergaul. Wirklich schwer hat es nur der Mann auf dem rechten Vordersitz, er muß sich mit spanischen Controllern in einer Sprache verständigen, die nur entfernt nach Englisch klingt und dennoch jeden Zweifel ausschließen soll. Alte Hasen wie Herbert halten es für aufregender, statt des Knüppels das Mikrophon in der Hand zu haben. Das Abenteuer des Fliegens besteht nicht mehr darin, Purzelbäume in der Luft zu schlagen, es besteht darin, sich als ordentlicher Luftverkehrsteilnehmer unauffällig durchzuschlagen.

In Malaga telefonierten wir mit Gibraltar und erfuhren, was wir schon geahnt hatten: von jedem Flugplatz der Welt, nur spanisch darf man den Engländern nicht kommen. Sie empfahlen uns den kleinen Umweg über Tanger. Die Logik der Politik widerspricht der Logik der Geographie. Wir reichten einen Flugplan nach Marokko ein, flogen weit aufs Meer hinaus, um das spanische Luftsperrgebiet zu umgehen, und gingen auf Kurs Westsüdwest, an Gibraltar vorbei nach Tanger, wo wir nach einer knappen Stunde landeten.

In Tanger war man freundlich und teuer. Wir entrichteten eine unangemessen hohe Landegebühr, passierten Polizei und Zoll, um zu Mittag zu essen, passierten Zoll und Polizei, um weiterzufliegen. So sind wir denn auch in Tanger gewesen, ohne das mindeste von Tanger gesehen zu haben. Die Flugleidenschaft macht ihre armen Opfer untauglich für den Tourismus. »Man zieht aus, um Land und Leute kennenzulernen. Wenn man heimkommt, hat man die Sehenswürdigkeiten gesehen«, klagte schon Peter Bamm, der Spötter auf Reisen. Was würde er erst von den Fliegern sagen? Statt des Landes lernen sie nur die Landebahnen kennen, statt der Leute nur das Personal. Afrikas Tore stehen offen, doch wir klopfen an Gibraltars Hintertür. Tanger, aus der Luft betrachtet, ist eine riesige Versammlung flacher, kalkweißer Häuser am Meer.

Über der Bucht von Tanger melden wir uns bei den Marokkanern ab und rufen Gibraltar. Im Kopfhörer endlich wieder eine klar verständliche englische Stimme. Der Fluglotse fordert eine Rechtskurve. Er muß Eva aus den vielen Punkten, die er auf dem Radarschirm hat, erst einmal herausfinden. Eva kurvt nach rechts, wie befohlen. Eine Minute später hören wir: »Victor-Alpha, Sie sind identifiziert. Bleiben Sie auf 80-Grad-Kurs!« Und nun also schwebt die kleine Kabine mit den drei Männern da, wo sie dem Leser schon am Anfang begegnet ist: zwölfhundert Meter hoch über dem Mittelmeer.

Gibraltar kommt in Sicht und wächst uns entgegen, ein imposanter, weiß leuchtender Kalksteinfelsen, der sich wie ein Ozeanschiff aus der Bucht von Algeciras herausschiebt, 4500 Meter lang, 400 Meter hoch. Eine Säule des Herkules und eine Säule des britischen Verteidigungsministers. Gibraltar war einst von allen seefahrenden Mächten gefürchtet. Aber wer hat heute noch Respekt vor dem alten Wächter? Eines Tages kam ein amerikanischer Flugzeugträger vorbei, regelwidrig, ohne Flagge zu hissen. Gibraltar sendete Blinkzeichen: »Welches Schiff?« Der Amerikaner blinkte hochmütig zurück: »Welcher Felsen?«

»Leiten Sie jetzt eine Linkskurve ein, gehen Sie in den Sinkflug über, Ihr neuer Kurs ist 350 Grad.« Der Lotse verabschiedet sich, und was wir nun hören, ist eine routinierte weibliche Stimme, wie geölt – zuerst glauben wir, sie käme vom Tonband. »Hallo, Victor-Alpha, ich spreche Sie jetzt herunter, Sie brauchen nicht mehr zu antworten. Ihre Richtung ist okay, achten Sie auf Ihre Höhe, Sie sollten nun fünfzehnhundert Fuß haben. Sie sollten etwas nach links verbessern, ausgezeichnet, weiter so . . .«

Wir sinken hinab auf die Bucht von Algeciras und sehen die Piste, die noch halbwegs hinter dem Felsen verborgen ist. Sie ragt weit ins Wasser hinaus. Sie wurde 1938 angelegt, als es in Spanien drunter und in Deutschland drüber ging. Kaum mehr als hundert Meter Höhe haben wir noch. Die Lotsin erklärt den Queranflug für beendet. Gottfried dreht steil nach rechts in den Endanflug, und schon sitzen wir auf dem Beton. »Fliegerisch sehr interessant«, murmelt Herbert erleichtert. Ehrlich gesagt: ein Kinderspiel, wenn das Wetter so schön und das Flugzeug so klein ist. Die englischen Militärpiloten, die mit schnellen Jets und schweren Transportern auch dann noch herumkurven müssen, wenn der Felsen in Wolken steckt, erwarten den Landestoß an der Schwelle 09 sicher mit größerer Sehnsucht als die Gäste aus Germany.

Quer über die Piste geht Gibraltars Hauptstraße. Wenn ein Flugzeug startet oder landet, stoppen Schranken und Ampeln den Autoverkehr. Auch für Eva stehen alle Räder still. Der Service ist verblüffend. Wir bekommen Verankerungsgerät, einen Gepäckwagen und eine Audienz bei der tüchtigen Radarlotsin, die das Lob verlegen abwehrt und uns sämtliche Radargeräte der Flugverkehrskontrollstelle vorführt. Gibraltar ist eine alte Garnison. Es zeigt sich, daß Militärverwaltungen desto zivilere Züge annehmen, je älter sie werden. Eva, die Zivilistin, wird gebührend bestaunt und fotografiert. Als der Pilot einer Herkules-Transportmaschine die Motoren anläßt, wird Eva beinahe vom Vorfeld geblasen, und wir rennen hin, um sie festzuhalten und zu retten.

Am Abend spazieren wir durch die Main Street und glauben uns in einer englischen Kleinstadt, wiewohl uns die Häuser spanisch vorkommen. Wo der Felsen nicht steil abfällt, ist er dicht bebaut. In Gibraltar leben 29000 Menschen, Spanier, Engländer, Mischlinge (»In unserer Seele verbinden wir Stierkampf und Cricket«), viel Militär, viele Gastarbeiter aus Marokko. Alles ist eng und schmal, die Gassen und Durchgänge, vielleicht sogar das Weltbild.

Die Mauren kamen im Jahre 711 und wollten Europa erobern. Nach ihrem Führer Tarik heißt der Felsen: Dschebel-al-Tarik, verstümmelt: Gibraltar. Empfohlen wird der Besuch der Höhlen und Grotten, freilich nicht jener, die von den Militärstrategen in den Stein gehauen wurden. Empfohlen wird auch der Gang zu den wilden Affen, die das Schicksal der Raben im Tower zu London teilen: sie dürfen nicht aussterben, es wäre das Ende der britischen Herrschaft. Churchill hat nicht gezögert, Affen aus Afrika zu importieren, als es brenzlig wurde.

Haben die Touristen dies alles gesehen, so ist schon fast ein Tag herum, aber die übrige Zeit mag ihnen ein wenig lang werden in Gibraltar. England am Mittelmeer. »Wir sollen dieses Volk nicht hassen«, bemerkte ein Schriftsteller in merkwürdiger Gereiztheit, »sondern ihm lediglich wegnehmen, was es an Kolonien zuviel hat.« Es war nicht ein argentinischer, sondern ein deutscher Schriftsteller, Alfred Kerr, 1908. Auf dem Tisch der Flugsicherungszentrale liegen die neuesten Nachrichten vom Falklandkrieg.

Wir waschen Eva, prüfen Ruder, Ölstand, Magnete, Lichtanlage und schwingen uns auf zu einem neuen Flug übers Meer. Bevor wir die Starterlaubnis bekommen, fegen drei Jaguar-Kampfflugzeuge über die Piste und lassen den Felsen erzittern von ihrem Lärm. Als Gibraltar hinter uns im Meer versinkt, haben wir Europa unter dem rechten, Afrika unter dem linken Flügel.

Unser Badeurlaub an der Algarve dauert einen ganzen Tag. Auch das ist an den Fliegern so unheimlich: ihre Regenerationsfähigkeit. Prächtig erholt, fiebern wir dem nächsten Start entgegen. Der Meteorologe in Faro droht heftige Gewitter am Golf von Biskaya an, bevor er uns auf die endlose Strecke nach Biarritz schickt, quer über die Halbinsel, über leeres, trockenes, braunes Land. Nach fünf Stunden erreichen wir die Küstenregion, wo uns Berge von unten und Wolken von oben entgegenkommen. Am nächsten Tag, ab Biarritz, müssen wir uns durch Tiefdruckausläufer, Regenschauer, Böen und Wolken kämpfen, ein Wetter, das endlich wieder Heimatgefühle weckt, Sauwetter wie zu Hause. Fliegerisch auch wieder sehr interessant.

Hals über Kopf

Eine Lektion in Kunstflug

Der Pilot scheint alles falsch zu machen. Er fliegt zu langsam, gleich passiert was, viel zu langsam. Nun gibt er auch noch Seitenruder. Das kleine Flugzeug taumelt und stürzt in die Tiefe. Schöne Gegend hier! Fränkisches Hügelland, herbstliche Flur, der Wald in letzten Farben. Der kürzeste Weg dahin führt senkrecht nach unten, und das Flugzeug schlägt ihn ein, der Schwerkraft folgend, nicht mehr dem Piloten. Sein Fall ist tief, aber nicht hoffnungslos. Sei es Übermut, sei es Erkenntnisdrang, da stürzt sich einer absichtlich hinab.

In einem trudelnden Flugzeug zu sitzen, ist die ungemütlichste Art, sich einer Landschaft anzunähern. Die Flugbahn gleicht einer Spirale. Dabei rotiert das Flugzeug wie ein Hund, der dem eigenen Schwanz nachläuft. Man kann sich denken, wie dem Floh auf dem Hund zumute ist. Über die Schnauze blickt er, der Pilot, nach vorn: der eben noch in majestätischer Ruhe verharrende Wald scheint auf einen Plattenteller gepflanzt und dreht sich in entgegengesetzter Richtung, was ja nur logisch ist. Der Wind gibt ein furioses Pfeifkonzert. Einmal, zweimal, dreimal flitzt dieselbe Lichtung von links nach rechts über die Windschutzscheibe, und jedesmal wird sie größer. Und wie die Bäume wachsen!

Wird ihm auch schwindlig, bang wird dem Flieger nicht. Denn auf dem Nebensitz ist Manfred Strößenreuther festgeschnallt, die Hände im Schoß, ganz ruhig, als wüchsen die Bäume nicht. Er mildert den Sturz allein durch seine Anwesenheit. Der leicht benommene Pilot, der probeweise vom Himmel fällt, hat die beruhigende Gewißheit, mit einem Meister vom Himmel zu fallen. Manfred Strößenreuther ist einer der besten Flugakrobaten der Welt.

Noch jung, Mitte Dreißig, aber wortkarg wie ein Alter, der schon alles im Leben gesagt hat. Schweigend läßt er hundert Meter Höhe sausen. Ergreift weder das Wort noch den Steuerknüppel. Der Kunstflieger sieht der heranrasenden Waldlichtung nicht weniger gelassen entgegen als ein Fahrlehrer der nächsten Kreuzung. Trudeln gehört zum Handwerk. Genug jetzt! sagt er endlich. Der Nebenmann tritt auf das rechte Seitenruderpedal, so war es abgesprochen, und schiebt – wieviel Kraft das auf einmal kostet! – den Knüppel nach vorn. Prompt bleibt der Plattenteller stehen.

Aus dem Spiralsturz wird ein gewöhnlicher Sturzflug, kein Problem, die Überlebensfrage ist beantwortet.

Eine Lektion in Luftakrobatik. Bevor du Figuren fliegst, hat der Meister gesagt, mußt du lernen, das Flugzeug aus jeder Lage, auch der übelsten, wieder herauszuholen. Die übelste Lage: Trudeln. Es ist nicht eigentlich eine Kunstflugfigur, vielmehr das Ergebnis einer mißglückten Figur, ein aerodynamischer Ausrutscher, bei dem das Flugzeug total durchdreht – der Pilot hoffentlich nicht. Es gab Zeiten in der Fliegerei, da halfen nur noch Gebet und Fallschirm.

Beides steht auch heute noch zur Verfügung. Aber der Zlin-Trainer, dieser fliegende Unterrichtsraum für zwei Personen, ist trudelfest und pflegt seine Insassen erst nach der Landung ins Freie zu entlassen. Also noch einmal von vorn: das Flugzeug zum Absturz und die Landschaft auf Touren bringen, Schwerkraft und Drehwurm besiegen, weich abfangen, aufatmen. Fünfmal wiederholt sich die lehrreiche Gleichgewichtsstörung, dann geht der Meister Strößenreuther zum diffizilen, aber auch nicht gerade gemütlichen Teil über.

Er zeigt, wie eine Rolle gesteuert wird: Drehung um die Längsachse, schwierige Flugfigur, alle Ruder sind in Bewegung. Wer es für ein Naturgesetz hielt, daß der Horizont horizontal, der Himmel oben und die Erde unten ist, der lernt beim Kunstflug etwas über die Relativität seines Weltbildes; denn selbstverständlich ist die Erde auch mal oben, der Himmel unten, der Horizont vertikal. Und auch das Herz ist nicht immer auf dem rechten Fleck, es pendelt ungefähr zwischen Hals und Hose.

Fliegen ist keine Kunst, doch kann man eine daraus machen. Auch Köche, Friseure und Radfahrer haben ihre Virtuosen. Der Mensch fliegt, wie man weiß, um es den Vögeln gleichzutun. Um sie zu übertreffen, muß er Kunstflieger werden. Kein Vogel vermöchte sich so toll durch die Luft wirbeln zu lassen wie Manfred Strößenreuther. Natürlich sieht ein Spatzenhirn darin auch keinen Sinn. Looping, Turn und Rollenkehre dienen nicht der Sicherung des Lebens, sie sind bloß eine Kulturerscheinung, interessant, aber überflüssig. Ehrgeiz, Herausforderung, Erfolgserlebnis: auf so was fliegen eben nur Menschen.

Der Flugakrobat bewegt den Knüppel anders als ein Geradeausflieger. Nicht sanft und passagierfreundlich, sondern blitzschnell, ruckartig, zack-zack – wie ein Marschkapellmeister den Taktstock. Das Flugzeug zeichnet geometrische Linien, Bahnen und Bögen in die Luft. Nun mach das mal nach! Des Anfängers erste Rolle endet in einer nun nicht mehr ungewöhnlichen Lage, im Sturzflug. Das kommt, erklärt der Meister, weil du in der Rükkenlage nicht nachgedrückt hast, da geht sie halt auf die Schnauze. Die zweite Rolle ist besser, die dritte verpatzt, die vierte leidlich, die fünfte . . . uff!

Kunstflug ist anstrengend. Der Sechszylinder läuft unverdrossen, alle Zeiger stehen auf Grün, nur im Kreislaufsystem des Piloten blinkt eine rote Warnlampe. Der Mensch, das erdgebundene Wesen, läßt sich nicht beliebig oft verschaukeln. Dem Beobachter am Boden mag die Sache spielerisch, ja schwerelos erscheinen, in Wahrheit ist es eine Tortur. Der Körper wird in raschem Wechsel positiver und negativer Beschleunigung unterworfen. Es gibt Augenblicke, da er wirklich schwerelos ist, und es gibt Augenblicke, da er zehn Zentner wiegt. Im ersten und im letzten Viertel eines Loopings wird die Hand so schwer, daß man sie nicht mehr heben kann. Dann wieder gibt es Augenblicke, da der Flieger kopfüber in den Gurten hängt: ein einschneidendes Erlebnis. Manfred Strößenreuther erzählt, daß er bei Saisonbeginn jedesmal blaue Flecken auf den Hüften hat – und Hornhaut bei Saisonschluß.

Der Knüppel ist schon wieder in Bewegung. Ein Bauernhof taucht über den Fliegern auf, komisch genug, und versinkt hinter der rechten Schulter, anschließend Sonnenaufgang unterm linken Flügel, Vorsicht, Ikarus! Und auf einmal nur noch der blaue Himmel, auf dem sich ein Cumulusgebirge im Kreis dreht. Himmel, wo ist die Erde?

Wir sollten jetzt eine Pause machen, sagt der Kunstflugaspirant entschlossen, das Herz auf der Zunge. Er sagt es mit hängendem Kopf, weil man gerade im Rückenflug ist.

Der Kunstflug hat sportliche, circensische und militärische Wurzeln. Er ist der übermütigste Vorstoß in die dritte Dimension. Für die Flieger der zwanziger und dreißiger Jahre war es Ehrensache, den Kunstflugschein zu erwerben. Die Hohe Schule des Fliegens. Die Verschmelzung von Mensch und Maschine zu einer Einheit: so steht es in alten Fliegerbüchern. Heute steigt der Nachwuchs eher zögerlich ein. Wer noch in offenen Doppeldekkern geflogen ist, hatte eine sinnliche Beziehung zur Luft. Der

Nachwuchs reist in komfortablen Kabinen und treibt es nur noch platonisch mit der Aerodynamik. Die einmotorigen Amerikaner, die heute üblich sind, taugen nicht für den Kunstflug. Man braucht Spezialmaschinen, und man braucht viel Geld. Kunstfliegen ist zu einem prickelnden Luxus verkommen. Haben die Privatpiloten nicht genug damit zu tun, in einem kompliziert aufgeteilten Luftraum ordnungsgemäß als Luftverkehrsteilnehmer zu bestehen?

Lang ist es her, daß der röhrende Gesang eines Flugmotors den Leuten wie Zukunftsmusik in den Ohren klang. Nun gilt er nur noch als Lärmbelästigung. Kunstflug, ein traditionsreicher Luftsport in Deutschland: Fieseler, Achgelis, Hagenburg, Falderbaum, Liesl Bach und Vera von Bissing haben einmal internationale Maßstäbe gesetzt. Die Vergangenheit ist größer als die Zukunft. Anno 85 findet Kunstflugtraining nur noch in der tiefsten Provinz statt: dort, wo nicht so viele Anwohner wütend werden. Der umweltfreundliche 200-PS-Motor muß noch erfunden werden. Dennoch sind die geflügelten Akrobaten immer noch Publikumslieblinge. Sommer für Sommer verrenken sich Millionen Menschen den Hals, um zu sehen, was aus Udets Erben geworden ist. Die fliegen schneller, in kleineren Maschinen, mit stärkeren Motoren, unter größeren Belastungen. Doch was sie zu bieten haben, ist immer noch dasselbe: den Wagemut von Seiltänzern, die Präzision von Turmspringern, die Eleganz von Eisläufern, den Lärm von Rennfahrern und gelegentlich den Anhauch des Todes.

Ernst Udet hat im Tiefstflug mit der Tragfläche ein Tuch vom Boden aufgehoben: da paarte sich großes Können mit bodenlosem Leichtsinn. Manfred Strößenreuther ist Kind einer anderen Zeit. Udet flog mit Leib und Seele, und es waren wilde Jahre – Strößenreuther fliegt mit Kopf und Verstand, und es ist eine bürokratische Zeit. Strenge Vorschriften schützen den Kunstflieger und sein Publikum. Abstand halten! Das entspricht Strößenreuthers Mentalität. Abstand vom Boden. Abstand auch von den Menschen.

Er mag ein Querkopf sein, ein Dickschädel, wie sein Vater sagt, jedenfalls ist er ein Einzelgänger, der sich der allgemein verbreiteten Fliegerkameraderie entzieht. Der Biertisch ist für viele Flieger der wahre Himmel. Da läßt sich trefflich schwadronieren. Manfred macht einen Bogen sogar um den Biertisch der väterlichen Flugplatzkneipe in Plössen (nicht weit von der tschechischen Grenze, Pilsen ist näher als Frankfurt). Wenn ich die so reden höre, sagt er, hab' ich das Gefühl, ich könnte gar nichts.

Er ist Besitzer einer respektablen Sammlung von Kunstflugmeistertiteln, darunter zwei Weltchampionate. Gelernt hat er das Schreinerhandwerk wie sein Vater. Der Vater, ein Kriegsflieger, gab die Schreinerei auf und eröffnete eine Flugschule. Manfred war das schwarze Schaf der Familie: ein erfolgreicher Stabhochspringer, der sich mit ein paar Meter Höhe zufriedengab und keine Lust zum Fliegen hatte – wohl deshalb, weil in der Familie über nichts anderes gesprochen wurde. Eher widerwillig machte er 1967 den Flugschein. Fand es ziemlich langweilig, von A nach B zu fliegen. War das alles? Vater Strößenreuther spielte weiter Schicksal. Er organisierte einen Kunstfluglehrgang und schubste den trägen Sohn noch einmal himmelwärts. Manfred dachte: Das lern' ich nie. Der Vater ließ nicht locker und behielt recht. Eines Tages kam der Sohn wie ausgewechselt nach Hause: als habe er soeben Amerika entdeckt. Er hatte die wahren Freuden des Fliegens entdeckt. Den Kunstflug, das perfektionierte Abenteuer. Er konnte kaum einen sauberen Turn hinlegen, da setzte er sich in den Kopf: einmal muß ich deutscher Meister werden, einmal unter den ersten zehn einer Weltmeisterschaft sein. Wo ein Ziel ist, ist auch ein Wille, und wo ein Wille ist, ist man ganz weg. Ein paar Jahre später schoß Manfred Strößenreuther weit über das gesteckte Ziel hinaus.

Kunstflug als Leistungssport: Mediziner wissen, was der Körper aushalten muß, wenn er auf die acht- oder neunfache Erdschwere beschleunigt wird. Kein anderer Sportler, es sei denn der Boxer, kennt solche Belastungen. Man hält das nicht ewig aus. Die vielfach gestauchte Wirbelsäule gibt irgendwann Alarm. Manfred Strößenreuther, der in einer Handvoll deutscher Weltklassepiloten die Nummer eins ist, trainiert für jeden neuen Wettbewerb fünfzig bis sechzig Stunden lang und verbraucht dabei Sprit und Öl für zehntausend Mark. Vorher sitzt er wochenlang am Schreibtisch über seiner Kür: die wird schriftlich ausgearbeitet, nach Inhalt, Form und Rhythmus gestaltet, wie eine Fuge komponiert.

Ein Hunderttausend-Mark-Flugzeug braucht man, um was zu werden, Geduld, Ehrgeiz, Akribie. Auch muß man ein wenig verrückt sein. Die amerikanischen Flugakrobaten werden privat, die russischen staatlich, die deutschen überhaupt nicht gefördert. So haben sie alle einen kleinen Nebenverdienst: Flugtage. Manfred Strößenreuther kassiert 2500 Mark, wenn er einer flugbegeisterten und bisweilen sensationslüsternen Menge das große Einmaleins des Fliegens vorführt. Kunstflug als Schaugeschäft: da macht er zwanzig Starts im Jahr, und er nimmt es als Training und Finanzierungshilfe. Es reicht bei weitem nicht aus, das teure Hobby zu bezahlen.

Von Beruf ist er Fluglehrer. Bringt Anfängern das Nichtabstürzen und Fortgeschrittenen das Stürzen bei. Wer einen stabilen Kreislauf, intakte Gleichgewichtsorgane und einen geduldigen Magen hat, kann nach sechs bis acht Stunden die Kunstflugprüfung ablegen. Er muß zehn ausgewählte Figuren ordentlich in den Himmel zaubern. Der Meister faltet die Hände im Schoß, hat den heranrasenden Wald im Auge und sagt kein überflüssiges Wort, weil alles schon hundertmal gesagt ist.

Kleine Vögel haben kleine Nester

Exkurs über Flugplätze

Assoziation nennt man jenen glücklichen Geistesblitz, der uns in die Lage versetzt, an scharfe Würstchen zu denken, wenn nur jemand von Debreczin spricht. Wo liegt das Emmental? Hm – jedenfalls ist das Emmental das Tal mit dem Käse mit den Löchern. Noch das dunkelste geographische Loch im Kopf wird vom Lichtstrahl einer Assoziation erhellt. Wimbledon heißt Tennis, Hokkenheim Rennsport, Hollywood ist Film und Vichy Wasser, und Kalterer See hat entfernt mit Wein zu tun. Was aber fällt uns hierzu ein: Schwarze Heide, Windelsbleiche, Hungriger Wolf, Mont Royal, Dahlemer Binz, Schäferhaus?

Hungriger Wolf ist sowenig ein Indianerhäuptling, wie die Windelsbleiche eine Windelsbleiche ist. In diesem Fall schlägt der Geistesblitz nur bei Fliegern ein. Ohne weiteres lokalisieren sie die Schwarze Heide bei Dinslaken, die Windelsbleiche bei Bielefeld, den Hungrigen Wolf bei Itzehoe, den Mont Royal in der Moselschleife von Traben-Trarbach, die Dahlemer Binz in der Hohen Eifel und Schäferhaus bei Flensburg. Richtig! Es sind

Flugplätze. Von Flugplätzen wird hier die Rede sein. »Über Flugplätze«, sagt unser Fliegerfreund Gottfried, »könnte ich ein ganzes Buch schreiben« – leider kommt er nie dazu, weil er Rundfunkreporter ist und sein Mikrophon nur aus der Hand legt, wenn er einen Steuerknüppel zu fassen kriegt.

Bergsteiger sammeln ihre Gipfel, Angler ihre Flüsse, Klassenlehrer ihre Kathedralen. Manche Flieger machen sich einen Sport daraus, Flugplätze zu sammeln. In Würzburg (der Flugplatz heißt Schenkenturm) trafen wir einen im Propellerwind ergrauten Piloten, der rüstig auf die 150 zusteuert: 143 Flugplätze hat er schon beisammen. Eine unerklärliche Sammelwut, die Zeit und Sprit kostet, treibt ihn kreuz und quer durch die Republik. Zwischen Flensburg-Schäferhaus und Friedrichshafen-Löwental kennt er jeden Taleinschnitt, jede Flußbiegung, jede Schlechtwetterroute, jeden Stausee und jeden Fernsehturm. Ein Deutschland-Kenner. Die Summe der Landeplätze ergibt das ganze Land.

In der Bundesrepublik Deutschland gibt es mehr Flugplätze, als ein Emmentaler Löcher hat. Es sind etwa 600 (in Worten: sechshundert). Zieht man die Segelflugwiesen und Nato-Stützpunkte ab, so bleiben für die motorisierte Zivilluftfahrt immer noch 250 Flugplätze übrig. Sie werden »zulassungsmäßig« (wie man behördlicherseits sagt) in vier Gruppen eingeteilt, Verkehrsflughäfen, Sonderflughäfen, Verkehrslandeplätze, Sonderlandeplätze. Jeder private PS-Pilot kann sie ansteuern, einige sogar bei Nacht, andere nur am Wochenende, nach telefonischer Ankündigung. Westerland ist am nördlichsten gelegen, Herten-Rheinfelden am südlichsten, Aachen am westlichsten, Sonnen am östlichsten. In Sonnen, dicht am Böhmerwald, findet der Flieger kaum mehr als eine langgestreckte Wiese vor. Sonnen hat mit dem Frankfurter Flughafen soviel gemeinsam wie ein Bootsanlegesteg mit dem Hamburger Hafen.

»Manche Leute«, schrieb Tucholsky, »gehen in den fremden Orten immer erst in den Ratskeller, manche zur Sehenswürdigkeit – ich gehe in die Apotheke. Da weiß man doch.« Ein Flieger kann darüber nur lachen. Ist er in Speyer oder Worms, so hat er selbstverständlich nur Augen für die dortige Sehenswürdigkeit, den Flugplatz. Da weiß man doch! Flugplätze haben Charakter, keiner ist wie der andere. Wer eine Startbahn nur als ein totes Stück Infrastruktur betrachtet, als Verkehrsanlage von umstrittener Be-

deutung, wird nie verstehen, mit welchem sinnlichen Vergnügen die Sport- und Sonntagsflieger auf Entdeckungsreisen gehen.

Da gibt es Landebahnen bergauf und Landebahnen bergab, glatte, holprige, gewölbte und geknickte Pisten, ungemähte Wiesen und kilometerlange Betonstreifen, Plätze im Moor, im Wald, am Ufer, auf dem Berg und tief im Tal, Flugplätze, die sich protzig aus der Landschaft herausheben, und andere, die sich darin verstecken, mimikryhaft. Einen Flugplatz zu suchen kann eine aufregende Sache sein, zumal bei schlechtem Wetter, wenn die Welt mit ihren Horizonten zusammenschrumpft. Einen Flugplatz zu verfehlen kann verhängnisvoll sein. Ihn zu finden: erlösend. Flugplätze sind die Hintertüren der Welt, die der Himmelsstürmer sich offenhält. Immer mal wieder kehrt ein verlorener Sohn zurück. Er schüttelt seine Ängste ab und geht – wohin? In die Fliegerklause.

Das sogenannte Fliegerleben spielt sich, um die Wahrheit zu sagen, weniger in der Luft als am Boden ab. Mindestens vierhundert Meter Länge, einen Windsack an der Stange und eine Baracke mit der Aufschrift »Fliegerklause« braucht eine Wiese, wenn sie ein Flugplatz werden will. Die Fliegerklausen, wo die Flieger hausen, sind Umschlagplätze unerhörter Erlebnisse. Da fliegen die Wortfetzen: »Total verfranzt« – »gerade noch vor dem Gewitter heil herunter« – »mitten in der Suppe« – »rechtzeitig hochgezogen«. Da nun mal die Wahrheit oft sehr blaß ist, muß man sie ein wenig kolorieren: Fliegerlatein.

Die professionellen Piloten haben das Staunen verlernt. Der Jet-Kapitän, der abends müde nach Hause kommt und nach den Ereignissen des Tages gefragt wird, sagt allenfalls: Ach, nur das Übliche, Düsseldorf, London, Paris, Amsterdam, Frankfurt. Wie anders geht es bei jenen zu, die ohne Notwendigkeit fliegen, nur zum Vergnügen! Das Vergnügen besteht darin, daß sie ihr Geld beim Fliegen nicht verdienen, sondern ausgeben.

Als snobistischste Lebensäußerung eines Privatpiloten erweist sich der Kaffeeflug. Wenn man zum Beispiel in Egelsbach abfliegt und in Koblenz-Winningen zum Kaffeetrinken einkehrt, kostet die Tasse, alles in allem, rund 150 Mark, das Kännchen kaum mehr. Hunsrücker Spießbraten ist etwas teurer. Den Spießbraten hat uns Gottfried als Geheimtip verkauft. (Als Geheimtip gilt, wovon alle reden.) Das Funkgerät wird auf 122.85 Megahertz geschaltet. In Idar-Oberstein ist wenig Verkehr und der Flugleiter gleichzeitig Flugplatzwirt. Sein Funkgerät steht in der Küche oder hinter der Bar oder vielleicht im Tiefkühlfach, egal – ein Mittagessen aus der Luft zu bestellen gehört zu den köstlichen, kindlichen Freuden des Freizeitfliegers. Er studiert artig den Wetterbericht, prüft sein gechartertes Maschinchen, rollt los und steigt auf mindestens 1500 Fuß Höhe, wo er den im Tiefflug dahinzischenden Militärjets nicht in die Quere kommt. Für den harmlosen Spaziergänger am Himmel kann die Luftüberlegenheit der Nato zu einem eindrucksvollen Schockerlebnis werden. Aber nun ist die Nahe nahe. »Hallo, Idar-Oberstein, hier ist die Delta-Mike-Delta im Gegenanflug auf Landebahn Null-Sieben . . .« Der Flugplatz, den wir vorher nie gesehen haben, liegt genau dort, wo er laut Karte liegen muß, wir fahren die Klappen aus und fallen auf die unbekannte Wiese, etwas hart und ziemlich hungrig.

»Bundesrepublik Deutschland, Luftfahrthandbuch, Band III« steht auf dem blauen Wälzer, der unser Reiseführer ist. Er besteht aus lauter fliegenden Blättern und wird alle zwei Wochen auf den neuesten Stand gebracht. Von allen deutschsprachigen Büchern kommt dieses wohl am meisten in der Luft herum. Es ist fast so unentbehrlich wie der Zehn-Mark-Schein, den man immer dabeihaben muß: um die Landegebühr bezahlen zu können. Das Buch gibt Auskunft über alle Flugplätze, ihre besonderen Tücken und Schokoladenseiten, ihre Landebahnen, Funkfrequenzen, Navigationshilfen, Anflugverfahren und Betriebszeiten, über Gaststätten und Tankstellen, soweit vorhanden. Nimmt man den Omnibus zum nächsten Ort oder ein Taxi – oder vielleicht die Pferdekutsche, wie auf Juist, das Motorboot, wie auf Helgoland? Zoll, Funkpeiler, Bahnbefeuerung? Es ist der trockenste Reiseführer, den man sich vorstellen kann, doch bleibt er keine Antwort schuldig. Beim Anflug auf einen fremden Flugplatz verwandeln sich seine Zeichen und Zahlen jedesmal zu einem farbigen Landschaftsbild, das wunderbarerweise mit der abstrakten Skizze übereinstimmt.

Flugplatzbekanntschaften. In Rheine-Eschendorf steht ein Hotel an der Landebahn: wenn man aufrecht im Bett sitzt, kann man unter dem Fenster das geparkte Flugzeug sehen. In Bad Dürkheim schwebt die Cessna lange über Reben, bevor sie auf die Landebahn plumpst. Wangerooge: Nur zögernd taucht die Insel aus den Küstennebeln auf, fast konturlos. Anflug frei auf Landebahn 10. In Bremerhaven geht der Endanflug über den Fischereihafen, aus dem die Masten ragen. In Kempten-Durach, auf dem höchsten Landeplatz, weiden Kühe, wie es sich im Voralpenland gehört, aber natürlich nicht auf der Startbahn.

Der Himmel ist blau, das Wetter ist schön, da pflegen die Flieger fliegen zu gehn. Flieger sind von der fixen Idee besessen, die Welt werde schöner, wenn man sich ein wenig von ihr entfernt. Da ist was Wahres dran. Auch Frauen verlieren manchmal, wenn man ihnen zu nahe kommt. Die Hangars öffnen sich, und die Propeller brausen. Ja, Reisen ist mit Lärm verbunden. Und war es nicht immer so? Lärm kann poetisch sein. Diese Erkenntnis verlangt ein gewisses Maß an Weisheit oder Schwerhörigkeit. Das Klappern der Hufe, das Stampfen der Schiffsmaschinen, das Rollen der D-Züge: In alten Zeiten waren es Sehnsuchtsklänge, heute fällt alles unter Lärmbelästigung. Wohin fliegen wir? Zum Mittagessen nach Mainbullau: der Name ist so schön kraftstrotzend. Schon von weitem sieht man die Piste wie einen dünnen Strich auf dem Hochplateau liegen. »Frei zur Landung auf 06, achten Sie auf starkes Gefälle der Landebahn!«

In den weltfernen Regionen Amerikas soll es vorkommen, daß Privatflieger mit leeren Tanks auf einer Landstraße notlanden, den Kanister aus dem Gepäckraum holen und zur nächsten Tankstelle marschieren. »Es wird Ihnen ungewöhnlich vorkommen«, entschuldigen sie sich beim Tankwart, »aber ich brauche ein paar Liter Sprit für mein Flugzeug dahinten.« – Und vielleicht brummt der Tankwart darauf: »Indeed, sehr ungewöhnlich. Die meisten Flieger rollen zum Tanken direkt an die Zapfsäule.« In Amerika ist mehr erlaubt, als sich eine deutsche Fliegerseele träumen läßt. Bei uns herrschen strenge Bräuche. Keineswegs darf auf einer Straße gelandet werden. Nur auf einem richtigen Flugplatz mit einem richtigen Flugleiter, das heißt: beide müssen als solche von der Obrigkeit zugelassen sein.

Die Betriebszeiten nicht zu vergessen! Einmal kreisten wir, von einem Gewitter bedrängt, nervös über dem Mont Royal und forderten unentwegt Landeerlaubnis, aber das Funkgerät schwieg sich aus, der königliche Berg rührte sich nicht. Die Welt, die scheinbar mit offenen Armen dalag, hatte keinen Zugang. Dem Piloten war dies peinlich; denn er hatte seinem Fluggast, einem Neuling, gerade zeigen wollen, wie prächtig in der Luft alles organisiert ist. Ratlos spähte er auf die leere Landebahn hinab. Der Unkundige blätterte derweil im blauen Buch, sah auf die Uhr und sagte wie nebenbei: Hier steht, daß die erst in einer halben Stunde aufmachen. – So einen Überlandflug, hatte der Pilot vor dem Start doziert, pflege ich genauestens vorzubereiten.

Der Pilot fliegt auf dem Strich, den er in seiner Karte gezogen hat. Langsam dreht sich unter ihm die Erde in der gewünschten Richtung. Kurz vor dem Ziel legt er die Karte beiseite und deutet schräg nach unten: Da ist der Platz! Flieger sagen nie »Flugplatz«, immer nur »Platz«. Sie sprechen von Platzrunde, Platzwetter, Grasplatz, von kleinen und großen Plätzen, von leicht anfliegbaren und schwierigen Plätzen. Wie Inseln der Verheißung liegen sie im Land verstreut. Flieger haben den sechsten Sinn: sie entdecken schon von weitem die spärlichste Landebahnmarkierung, während die mitreisenden Freunde noch im Landeanflug fragen: Wo soll denn hier ein Flugplatz sein?

Kleine Vögel haben kleine Nester. Einige sind, trotz Motorenlärm, wahre Idyllen. Breitscheid im Westerwald oder Ailertchen. Wyk auf Föhr, wo man seine Kleider über die Tragfläche werfen und ins Wasser springen kann. In Leer fliegen die Ostfriesen. (Warum fliegen die Ostfriesen so hoch? Weil sie nicht von der Flut überrascht werden wollen.) Oder: Korbach, Burg Feuerstein, Schameder ... und noch ein paar Dutzend kleiner Fliegernester, die wegen ihrer Lage, ihrer Küche oder sogar wegen eines freundlichen Flugleiters von den Fliegern insgeheim drei Sterne bekommen haben.

Flugplätze sind eine unbekannte Größe des Tourismus. Am Rand der Pisten entfaltet sich zum Wochenende das üppigste Leben, es wird gegrillt und gespielt, kleingegolft oder geritten, hier können Familien Kaffee kochen. Die Segelflieger bauen ihre Winde auf, die Motorflieger ihre Persönlichkeit. Kommunen und Aero-Klubs verwalten den irdischen Teil der Fliegerei. Nichts ist wichtiger beim Fliegen als ein anständiger Start- und Landeplatz.

Nachtrag: Ein paar tausend Flieger pfeifen auf die ganze Fliegerromantik. Sie jagen im Flugzeug nicht ihrem Vergnügen, sondern ihren Geschäften nach. Kleine Flugplätze sind auch nützliche Verkehrsanlagen.

Die Angstkurve

Ein blamabler Blindflug

Gewitterflug – die beste Gelegenheit, das Fürchten zu lernen. Ein Pilot schrieb: ». . . zweiunddreißig Grad unter Null. Ich aber bin von Kopf bis Fuß in Schweiß gebadet, und Schweiß läuft über mein Gesicht. Was für ein Tanz! Und dann bemerke ich, daß meine Akkus sich aus ihren Stahlbändern gelöst haben. Sie sind gegen die Decke geschmettert und haben diese durchschlagen. Und ich sehe, daß die Rippen der Flügel sich lockern, daß einzelne Steuerkabel bis auf den letzten Strang abgefeilt sind . . . In mir wird es immer leerer. Ich ahne, daß bald die Gleichgültigkeit der Erschöpfung und die tödliche Sehnsucht nach Ruhe eintreten werden.«

Ein Mann in höchster Gefahr. Ich lese so was gern. Ich liebe das Abenteuer, jedenfalls in Büchern. Die schönste Gefahr taugt nichts, wenn man selbst darin umkommt. Der Flieger war Antoine de Saint-Exupéry. Selbstverständlich kam er heil nach Hause – wie hätte er sonst darüber schreiben können.

Ein anderer berichtete: »Ich war etwa tausendfünfhundert Meter hoch, als mein Motor zum zweitenmal streikte. Ich öffnete den Anschnallgurt, hechtete über die Rumpfwand nach rechts außenbords und zog die Reißleine nach einem Fall von zwei, drei Sekunden. Der Fallschirm öffnete sich sofort. Ich war dabei, mit der Taschenlampe die Nebeldecke unter mir abzuleuchten, als ich plötzlich von fern das Geräusch eines Flugzeugs vernahm. Es kam auf mich zu; und nach wenigen Sekunden sah ich meine DH schemenhaft etwa auf meiner Höhe keine vierhundert Meter weg von mir. Sie kreiste in meiner Richtung, linke Fläche nach unten. Das Geräusch des Motors wurde schwächer und wieder stärker, bis die DH erneut erschien, und zwar noch immer in gleicher Höhe . . . Dann versank ich in Nebel.«

Hätte das führerlos gewordene Flugzeug den Mann am Schirm erwischt, wir hätten nie etwas von ihm erfahren. Ein unbekannter amerikanischer Postflieger der zwanziger Jahre. Charles Lindbergh.

Ich habe nie den Ozean überflogen, die Anden überstiegen, nie einen Taifun überlebt. In meinem Flugbuch plätschert nur der Bodensee, und der Spessart zeigt seine sanften Hügel. Eine mitteleuropäische Kaltfront mit Niederschlag ist das höchste der Gefühle. Im Regen fliegen: das fand ich wunderbar, es war wie fliegen unter Wasser. Ich habe nichts erlebt, was dem mit Sensationen aus der Luftfahrt so reichlich versorgten Leser noch den Atem rauben könnte. Meine kleinen Todesängste? Das gefährlichste Flugabenteuer dauerte nur fünf Sekunden. Es zu beschreiben wird also nicht länger als zehn Minuten brauchen.

Der Kollege R. hatte damals gerade den Flugschein gemacht und war auf die famose Idee gekommen, die nächste Dienstreise in einer gecharterten Cessna 172 zu unternehmen. So flogen wir gemeinsam von Frankfurt nach Bremen. Die Lufthansa wäre schneller, die Bundesbahn sicherer, das Auto billiger gewesen, aber R. wußte die Verlagsleitung davon zu überzeugen, daß nichts so schnell, sicher und billig wäre wie ein einmotoriges Flugzeug. Er war ein Verhandlungstalent. Bald darauf wurde er aus der Redaktion ins Verlagsmanagement befördert.

Auf dem Rückflug hatten wir bockigen Wind, aber beste Sicht. Kollege R. schaukelte uns bis Greven, wo wir landeten und die Plätze tauschten. Nun war ich dran. Ich hatte den besseren Teil des Weges erwischt: unten den grün buckelnden Westerwald, oben noch eine zweite Landschaft aus kleinen Quellwolken. Sie standen dicht beieinander, und wir flogen Slalom zwischen ihnen, mal rechts vorbei, mal links vorbei. Es war eine übermütige Überlandpartie. Man vergißt dabei ganz schnell, daß beim Fliegen etwas passieren könnte. Das sind die gefährlichsten Augenblicke.

Rechtsherum und linksherum und wieder rechtsherum – beschwingt wie im Tanz verschwanden wir in den Wolken, die auf einmal zusammenwuchsen und keinen Durchschlupf mehr boten. Es war ein Sprung in tiefen Nebel. Wir wechselten sogleich einen entschlossenen Blick, um einander an die Grundregel des gesetzlich definierten Sichtflugs zu erinnern: Raus aus den Wolken!

Wolkenflug ist Blindflug. Der Flieger, der den Erdboden aus dem Auge verliert, hat kein Gefühl mehr für die Fluglage, er weiß nicht, wo oben und unten ist – die Sinnesorgane versagen glatt den Dienst. Er fliegt krampfhaft geradeaus. Aber plötzlich fällt er aus der Wolke und erkennt, daß sein Flugzeug auf dem Rücken liegt. Sofern er zu solchen Erkenntnissen noch Zeit hat. Man lernt dergleichen in der Flugschule. Aber man glaubt es erst, wenn man es selbst erlebt hat.

Wer nach Instrumenten fliegen kann, hat keine Probleme. Über den Blindflug schrieb Lindbergh: »Der Körper muß energisch darauf hingewiesen werden, daß jetzt der Verstand die uneingeschränkte Führung übernimmt. An Stelle des Instinkts führt von nun an die Logik den Oberbefehl. Fühlt der Körper, daß eine Flügelfläche fällt, und der Verstand sagt nein – weil Kugel und Nadel des Wendezeigers noch immer genau in der Mitte stehen –, so müssen die Muskeln sich dieser Entscheidung des Verstandes unterwerfen . . . Glaubt das Auge dort, wo es den Horizont vermutet, das Blinken eines Sterns zu erkennen; meldet das Ohr, der Motor laufe für Horizontalflüge zu langsam; sagen die Rückennerven, die Lehne des Sitzes drücke zu stark und der Druck nehme zu . . ., so haben Hände und Füße den Weisungen des Verstandes dennoch zu gehorchen.«

Als ich über dem Westerwald in die Wolken flog, war ich theoretisch präpariert, aber praktisch aufgeschmissen.

Ich leitete vorsichtig eine Linkskurve ein, um auf Gegenkurs zu gehen: dorthin, wo der blaue Himmel nur mit Wölkchen gesprenkelt war. Der künstliche Horizont neigte sich. Der Kreiselkompaß begann seine Wanderung. Ausgezeichnet. In einer Minute würde der verschwundene Westerwald wieder auftauchen und die Harmlosigkeit meiner Verfehlung anzeigen. Wir saßen gespannt in der engen Kabine, in graues Licht getaucht, und warteten auf den Wiederaufgang der Sonne.

Aber dann kletterte der Fahrtmesser von 100 Knoten auf 110, auf 120, auf 125. »Ziehen!« sagte R. ganz ruhig. »Wir werden zu schnell.« Ich zog am Steuerhorn. Offenbar waren wir in einem steilen Sinkflug. Aber der Fahrtmesser kletterte weiter, der Sitzdruck nahm zu, und das Rauschen der Luft klang anders als sonst, rumorend und bedrohlich. Dafür gab es keine Erklärung. Wir wechselten wieder einen Blick. Ich habe nachher überall erzählt, Kollege R. sei bleich und entgeistert gewesen. Er hat überall erzählt, ich sei bleich und entgeistert gewesen.

Fünf Sekunden lang wußten wir wirklich nicht, was los war. Die Maschine flog, aber sie war zu schnell und verlor Höhe, obwohl ich das Steuerhorn fast am Bauch hatte. Der Zeiger des Variometers klebte am unteren Anschlag. Zum Glück hatten wir zwölfhundert Meter Höhe, also viel Zeit bis zur Ewigkeit, als das Flugzeug verrückt zu spielen begann. Zwölfhundert?

Ich sah auf den Höhenmesser, da waren's nur noch achthundert. Endlich, viel zu spät, kam mir der künstliche Horizont wieder ins Blickfeld. Er stand beinahe senkrecht. Oje! Ich flog die berüchtigte Angstkurve. Ein Anfängerfehler, den alle machen, die nie nach Instrumenten geflogen sind: Ich hatte im Kurvenflug die Querruder nicht zurückgenommen, sondern das Steuer wie ein Autofahrer links stehenlassen, und so war das Flugzeug immer mehr in die Querlage geraten – zuletzt in einen spiralförmig abwärts führenden Steilkreis. Mit einem Ruck am Steuer jagte ich die Todesangst aus der abwärts sausenden Kabine.

Nicht alle Flieger haben das Glück, aus ihren Fehlern lernen zu können. Oft geben die Unfallexperten des Luftfahrt-Bundesamtes nachher bekannt, was sie falsch gemacht haben. Wir flogen nach Siegerland. Wieder Boden unter die Füße bekommen! Als wir auf der Landebahn drei-eins aufsetzten, machte die Cessna noch drei, vier Sprünge. Die Lektion war mir so entschieden in die Glieder gefahren, daß ich kein Gefühl mehr darin hatte. Es dauerte eine Weile, ehe ich auszusteigen wagte.

In der Flugplatzkneipe tollte ein kleiner Junge herum. Er fand Fliegen himmlisch. Kinder haben einen märchenhaften Realitätssinn. »Seid ihr schon mal abgestürzt?« Wo denkst du hin, kleiner Mann!

zwölfhundert Meter Höhe, also viel Zeit bis zur Ewigkeit, als das Flugzeug »verrückt zu spielen« begann. Zwölfhundert!

Ich sah auf den Höhenmesser, da waren's nur noch achthundert. Endlich, viel zu spät, kam mir der künstliche Horizont wieder ins Blickfeld. Er stand beinahe senkrecht. Oje! Ich flog die berüchtigte Angstkurve. Ein Anfängerfehler, den alle machen, die nicht nach Instrumenten geflogen sind: Ich hatte im Kurvenflug die Querruder nicht zurückgenommen, sondern das Steuer wie ein Autofahrer links stehenlassen, und so war das Flugzeug immer mehr in die Querlage geraten – zuletzt in einen spiralförmig abwärts führenden Steilkreis. Mit einem Ruck am Steuer jagte ich die Todesangst aus der abwärts sausenden Kabine.

Nicht alle Flieger haben das Glück, aus ihren Fehlern lernen zu können. Oft geben die Unfallexperten des Luftfahrt-Bundesamtes nachher bekannt, was sie falsch gemacht haben. Wir flogen nach Siegerland. Wieder Boden unter die Füße bekommen! Als wir auf der Landebahn die Gurte lösten, machte die Cessna noch drei, vier Sprünge. Die Lektion war mir so entsetzlich in die Glieder gefahren, daß ich kein Gefühl mehr darin hatte. Es dauerte eine Weile, ehe ich auszusteigen wagte.

In der Flugplatzkantine holte ein kleiner Junge Fanta. Er fand Fliegen himmlisch. Kinder haben einen märchenhaften Realitätssinn. »Sein Sie schon mal abgestürzt?« Wo denkst du hin, kleiner Mann!

Schwimmversuche im Luftmeer

Stehplatz im Himmel

Die Münsterländer Reise

1783 ist das Jahr, in dem mancher verwirrte Christ zur Physik überlief. Die Physik eröffnete ihm die Möglichkeit, nicht nur die Seele, sondern auch den lebendigen Leib hinauffahren zu lassen – und dies mit der Aussicht auf Rückkehr, was den Reiz der Unternehmung ganz schön erhöhte.

Welcher Fortschritt! Über den Dächern von Paris schwebten lautlos Montgolfieren und Charlieren. Der Fortschritt war wider alle Erfahrung nicht mit Geräusch verbunden. So haben die Historiker das erhebende Ereignis glatt überhört. Aus dem Jahre 1783 melden die Geschichtsbücher das Ende des amerikanischen Unabhängigkeitskrieges und den Anfang der Demokratie. Ergänzend sei hiermit der Anfang der menschlichen Luftfahrt nachgetragen. Wir wollen nicht vergessen, daß diese mittlerweile viel weiter verbreitet ist als jene.

Am Anfang war der Ballon. Er hatte die vollendete Gestalt einer Kugel; er glich der Erdkugel, deren gelungenes Design seit langem anerkannt war. Hätte man die Luftfahrt nur mit ästhetischen Maßstäben gemessen, man hätte auf alle Zeiten diese ruhige Kugel schieben können. Die Ansprüche gingen höher. Die Abenteurer, die sich zuerst der neuen Erfindung bemächtigten, machten zwar gehörig Sensation, aber es wurde als Mangel empfunden, daß ihre »Luftschwimmkunst« aufs Vertikale beschränkt blieb. Der Ballon trieb, wohin der Wind wehte. Ein Luftfahrzeug, das nicht lenkbar war, konnte nicht Menschen, nicht Gewürze und nicht Bomben ans gewünschte Ziel bringen, kurz: es war kein völkerverbindendes Vehikel.

Hundert Jahre lang haben die Luftfahrer sich bemüht, den Ballon gefügig zu machen. Die Segel erschlafften ebenso wie die Ruderer, ohne daß sie den Ballon auch nur einen Schritt fortbewegt hätten. Am Ende, als es Santos-Dumont gelang, den Eiffelturm zu umkreisen, als der richtige Motor da war, da war der richtige Ballon wegkonstruiert. Statt der ruhigen Kugel hatte man eine knatternde Zigarre, das Luftschiff. Was die Militärs betrifft, sie waren heilfroh, als die Brüder Wright endlich mit dem Flugzeug herauskamen.

Die Geschichte der Ballonfahrt ist die Geschichte einer äußerst publikumswirksam gescheiterten Idee. Dampfschiff, Eisenbahn, Automobil und Flugzeug haben die Erdkugel kleiner und wohl auch häßlicher gemacht, worin ihr großer Erfolg sich zeigt. Der alte Ballon, an den so viele Hoffnungen und Wünsche gehängt waren, blieb ein schöner Nichtsnutz. Im Windschatten der Geschichte, die er nicht im mindesten beeinflußt hat, reiste er durch die Zeiten. Er hat zweihundert Jahre zurückgelegt. Unversehrt treibt er in der eisenhaltigen Luft der Gegenwart, eine runde Sache wie am ersten Tag, Kugel und Korb, ein großer Tropfen im Luftmeer, ein letzter Tropfen Abenteuer.

Wir haben uns dem Ballon auf historischen Stelzen genähert. Treten wir dichter heran! Der Startplatz ist eine Wiese bei Hiltrup in Westfalen. Werktags weiden Pferde, samstags steigt die Augenweide. Gerade schleppt man ein großes, formloses Paket herbei, gerade geht es los. Das Paket wird entschnürt, entfaltet und ausgebreitet zu einer riesigen silbergrauen Scheibe. Noch ist der Ballon zweidimensional. Aber nun kommt aus Münster der Gasmann, der allein den Hahn aufdrehen darf. Das unterirdische Rohr mündet neben dem Zaun. Wer hat je eine Pferdekoppel mit Gasanschluß gesehen?

Ein Dutzend Helfer, Männer, Frauen, Kinder, rüsten den Ballon auf. Ein Netz wird über die Scheibe gelegt, Sand in die Säcke gefüllt, und mit einem dumpfen Orgelton strömt das Leuchtgas in die Hülle. Dort vollbringt es einen geradezu schöpferischen Akt. Unendlich langsam wie die Morgensonne geht der Ballon über der Wiese auf, zuerst nur ein wabbliges Segment, dann eine Halbkugel, schließlich das pralle, aufgeblasene Wunder. Sechzehnhundert Kubikmeter Gas! Ein Leben lang könnte man damit Kaffee kochen. Eindrucksvolle Erlebnisse stehen uns bevor, eine Reise im Ballon und der Erhalt der Gasrechnung.

Fast hundert Sandsäcke bändigen den Koloß, der weniger als nichts wiegt und energisch aufwärts drängt. Mit dem sanftesten Windhauch will er durchgehen. Die Säcke, jeder fünfzehn Kilo schwer, hängen im Netz. Die Helfer laufen eine Stunde lang um den wachsenden Ballon und tun nichts anderes, als Säcke, Säcke, Säcke abzunehmen und tiefer zu hängen, damit sie am Boden bleiben.

Platz für die Gondel! Aus dem Schuppen nebenan wird, auf ein Wägelchen geladen, der schwere Weidenkorb herangeschafft, dem Ballon untergeschoben und mit vielen Haken und Ösen befestigt. Kaum ist das Rauschen des Gases verstummt, klingt uns ein passendes Dichterwort im Ohr: »Welche Begierde fühl ich, mich in den unendlichen Luftraum zu stürzen!« Unsere Begierde, ehrlich gesagt, richtet sich nicht so sehr aufs Stürzen; uns schwebt mehr das Schweben vor.

Der Ballon heißt »Ferdinand Eimermacher«. Er ist benannt nach einem Piloten der Pionierzeit. Über die wilden Pionierzeiten braucht kein Wort verloren zu werden. Wie das war, als die Luftfahrer noch tagelang, nächtelang oben blieben, als sie quer durch Europa reisten, sturmgeschüttelt, hin- und hergerissen zwischen Höhenrausch und Knochenbruch, wie das war, als es noch keine Flugzeugentführungen und noch keinen Starfighter gab, als in der Luft nur ein einziger den Genuß der Gefahr auskosten durfte, der Ballonfahrer: darüber ist bücherweise geschrieben und gedichtet worden. Den Ballon finden wir in den Werken weitgereister Männer, bei Goethe wie bei Gerisch. Denn am Anfang war ja nicht nur die Kugel, von Anfang an war auch das Wort. Höchste Zeit, daß wir es wieder ergreifen. Gleich fahren wir ab.

Der Ballonführer geht zum Telefon, um seinen Flugplan durchzugeben. Jeder Luftsprung bedarf behördlicher Genehmigung. Die zuständigen Düsseldorfer Fluglotsen, aus ihrem Bummelstreik geschreckt, notieren: Startort, Startzeit, Ziel unbekannt, wieviel Personen an Bord? Wir sind zu fünft; Personen beiderlei Geschlechts. In den frühen Ballonjahren durften Frauen nicht mitfahren, weil man für ihre zarte Gesundheit fürchtete.

»Ferdinand Eimermacher« mißt vom Scheitel bis zur Gondel 27 Meter: ein Luftschloß, neun Stockwerke hoch. Auf der Koppel hat sich eine kleine Menschenmenge gebildet und staunt über den imposanten Anachronismus, den wir nun besteigen wollen, um uns die Neuzeit zu vertreiben. Der Ballon ist ausgewogen, ein paar Männerhände haben das gewaltige Gebilde im Griff.

Das Luftschloß erhebt sich, und behutsam zieht es uns hinauf. Leiser als auf leisen Sohlen stehlen wir uns davon und lassen den armen, fleißigen Helfern einen unaufgeräumten Fleck Erde zurück, umgekippte Sandsäcke und allerhand Arbeit. Wir hatten keine Wahl: den Weg zum Himmel kann nur der einschlagen, der bereit ist, allen irdischen Kram stehen- und liegenzulassen.

Die Kugel, deren Anhänger wir sind, steigt hinauf, ohne uns ihre Kraft spüren zu lassen. Keine Beschleunigung, kein Druck auf den Körper. Man steht, über die Brüstung gebeugt, wie auf einem Balkon und glaubt alle paar Sekunden, man sei in die nächst höhere Etage umgezogen. Bewegen wir uns überhaupt? Wir schwimmen mit dem Luftstrom, es regt sich kein Windchen.

Und da ist noch etwas, was nicht ist: die Töne der tonangebenden Luftfahrt. Nicht das Heulen der Triebwerke, nicht das Schütteln der Kolbenmotoren, nicht einmal das Pfeifen des Segelflugzeugs. Endlich der Beweis, daß es eine himmlische Ruhe wirklich gibt. Als der Mensch vom aerostatischen zum aerodynamischen Prinzip überging, hat er nicht dem Himmel die Ruhe geraubt, er hat sie sich selber geraubt – hier ist sie, wir haben sie soeben wiedergefunden. Jedoch, was man nicht im Ohr hat, hat man in der Nase: es riecht nach Gas. Beim Aufstieg bleibt der Füllstutzen des Ballons geöffnet, damit das Gas, das sich in der dünner werdenden Luft ausdehnt, entweichen kann. Kein Luftfahrzeug ist vollkommen.

Die lautlose Fahrt geht auf Münster. Der Horizont tritt zurück. Die Erde wird größer, ihre Bestandteile werden kleiner. Das Land sonnt sich in seiner grünen Fruchtbarkeit und sendet nur gelegentlich Signale seiner Bewohner: so erreicht uns das Bellen eines Hundes, das Rollen eines Eisenbahnzuges, das Aufblitzen von Autoglas, einmal auch Glockenläuten. Die Leute vor der Kirche haben den Kopf ins Genick gelegt, um zu beobachten, was sich im Himmel tut. Wir schwenken ein großes Tuch.

Der Ballon gerät in den Schatten einer Cumuluswolke, der das Gas abkühlt, und so geht es wieder abwärts. Der Pilot schaltet das Funkgerät ein und informiert die Flugsicherung über den Standort. Das Variometer zeigt eine Sinkgeschwindigkeit von vier Meter pro Sekunde. Der Kopilot wirft schippchenweise Sand über Bord, um den Abstieg abzubremsen. In fünfzig Meter Höhe, schon weit hinter Münster, fängt sich das Luftschloß und gleitet, seinem Schatten folgend, niedrig über Baum und Bauernhof.

Wer zum ersten Mal in das stille Himmelreich eingeht, wird ge-

2

tauft. Die Ballonfahrer, diese elitären Spaßvögel, haben nicht nur sechs Zentner Sand zum Streuen, sondern auch eine Flasche Sekt zum Zerstreuen mitgenommen. Der Täufling bekommt Sekt und Sand aufs Haupt, eine Haarkur, die alsbaldige Wäsche verlangt. Der Taufspruch lautet: »Sassa Hurra, Sassa Karaudike, ramsch Kassadeira . . .« Der alte Eimermacher soll diesen Spruch einem Indianerstamm abgelauscht haben, der seinen notgelandeten Ballon in Amerika beschwörend umtanzte.

Während des Taufakts gewinnt der Ballon zweitausend Meter Höhe und taucht in eine Wolke ein. Sonne und Erde verschwinden, und Nebel hüllt uns ein. Welche seltene Freuden: mitten in einer Wolke zu stehen und Sekt zu trinken! Der Pilot zieht an der Ventilleine. Die Kugel hat oben einen kleinen Deckel, der nun aufklappt und ein paar Kubikmeter Gas herausläßt. So fallen wir aus allen Wolken.

Festhalten! ruft der Ballonführer, während er in zwanzig Meter Höhe einen ganzen Sandsack opfert. »Ferdinand Eimermacher« schiebt sich schräg über ein Fußballfeld hinweg, wo sein Auftauchen einen bereits eingeleiteten Torschuß verhindert – hinein in ein Maisfeld, wo zwei Hasen das nach ihnen benannte Panier ergreifen. Ankunft auf dem Erdboden: ein Ruck läßt uns in die Knie gehen, wir rappeln uns hoch und wollen aussteigen, aber längst stehen wir wieder haushoch über den Feldern. Aha, durchgestartet! Der Korb hat dem Maisfeld ein Loch geschlagen, die Flurschädlinge sind auf und davon.

Nach drei Stunden treiben wir in eine sumpfige Wiese. Der elastische Korb, das schützende Gehäuse nimmt einen Stacheldrahtzaun mit und bleibt nach dreimaligem Hüpfen stehen. Wie vor hundert Jahren eilt herbei, was Beine oder Räder hat, um den vom Himmel gefallenen Tropfen nah zu seh'n. Alles muß festhalten. Opas und Enkel packen die Seile. Wo der Ballonfahrer auch niedergeht, sein Bodenpersonal ist zur Stelle. Der erste Freiballon, den der Professor Charles losließ, wurde nach der Landung von argwöhnischen Bauern mit der Mistgabel besiegt.

Unter den Steuermanövern ist »Ferdinand Eimermacher« abgemagert: keine pralle Kugel mehr, viel eher eine weiche Birne. Als er die sumpfige Wiese verläßt, trägt er nur noch drei Mann. Das Verfolgerauto mit dem einachsigen Anhänger macht sich auf den Weg. Eine unvergleichlich schöne Stunde bricht an: wir fahren in den Abend, die grüne Welt färbt sich rot, und weit voraus schimmert der Dümmersee. Wenig Wind, kaum bewegt sich die Erde. Wir haben einen Stehplatz im Himmel – es könnte ewig weitergehen, ohne daß uns die Beine weh täten.

Am Mittellandkanal wirft der Pilot das Schleppseil, gleich hängen zwei Männer dran und lassen sich durchs Getreide schleifen. Nicht loslassen, Leute, sonst sitzen wir auf dem Dach eures Hauses! Alles geht gut. Das Bodenpersonal findet sich ein. Mit seiner »Alles-hört-auf-mein-Kommando«-Stimme sagt der Ballonführer, was zu tun ist. Innerhalb einer Stunde ist das Luftfahrzeug entleert, zusammengefaltet, verpackt und auf den Einachser verladen. Die phantastische Reise endet im Wirtshaus und wird Stunde um Stunde, Bier um Bier phantastischer.

Wie Treibholz im Wasser

Die Otterndorfer Reise

Es war Eiszeit an der Küste, es schneite oft und manchmal horizontal, und den Friesen klirrten noch im März die Ohren, wenn nur jemand vom Wetter sprach. Erinnern wir uns getrost des Winters, den man besser vergißt, denn damals kam Eugen hereingeschneit, Eugen mit seinen Ideen, Eugen mit seinen Landkarten, die er ohne weiteres entfaltete, auf dem Fußboden auslegte und glattstrich, so daß wir ziemlich viel Deutschland zu Füßen hatten, die Nordsee im Flur, die Alpen im Schlafzimmer.

Mit Eugen machten wir verwegene Pläne. Ich sehe noch, wie er die Bundesrepublik bekniete, mit Händen und Füßen den Rheingraben durchwanderte, wie er schließlich vor der Küchentür, wo die Britischen Inseln liegen mußten, ein stationäres, ständig sich verstärkendes Hoch in die Luft malte, das Nordwind verhieß.

Ja, Eugen hat uns total den Kopf verdreht.

Er erhob sich aus der Landschaft und warf Adlerblicke von oben herab auf Schleswig-Holstein, Niedersachsen, Hessen und so weiter. Ich werde euch das Vaterländchen zeigen, wie ihr's noch nie gesehen habt.

Eugen, der Ballonfahrer. Die Haare schon grau und immer noch regenbogenfarben die Phantasie. Eintausendmal hat er den Himmel versucht und jedesmal wieder die Erde gewonnen; er wohnt am Rhein und lebt in der Luft. Einmal bin ich ohne meinen Ballon zurückgekehrt, sagte Eugen, da fiel ich aus einer Hochspannungsleitung, und was hinterdrein kam, war nur noch Asche.

Eugen war unser Mann. Was wir an seiner starken Persönlichkeit besonders schätzten, war der halbstarke Einschlag.

Deutschland im Ballon. Das klang wie ein Ruf aus vergangenen Zeiten, und wenn wir genau hinhörten, war es Jules Verne, der da rief. Aus seinen Utopien schneidern wir uns Nostalgien.

Frühlingserwachen zog sich hin. Statt auszuschlagen, gingen die Bäume nur zaghaft aus sich heraus. Den März mußten wir streichen. Den April verbrachten wir mit langen Gesprächen, die sehr schwärmerisch ausfielen, weil es darauf ankam, bei strömendem Regen das Feuer der Begeisterung in Schwung zu halten. Eine meteorologische Depression folgte der anderen. Kein Ballonwetter. Ballons sind die Mollusken unter den Luftfahrzeugen, weich, ohne Knochen, verletzlich und in steifen Brisen leicht zerfetzlich.

Ungeduld ist die Mutter der Bauchlandung, warnte Eugen. Er erzählte Abenteuer, die er aus der Luft griff, und tat überhaupt alles, um uns aufzuheitern. Hier ist eine köstliche Nachricht der Vossischen Zeitung aus dem Jahre 1798, sagte er, hör dir das an: »Paris, den 4ten Mai. Die Polizei hat dem Bürger Garnerin die Luftreise mit einem Frauenzimmer verboten . . ., weil die Luftfahrt von zwei Personen verschiedenen Geschlechts unanständig und unmoralisch, und weil es nicht ausgemacht sei, ob nicht der Druck der Luft den zarten Organen eines jungen Mädchens gefährlich werden könnte.« Auch erfährt man nebenbei, daß der Eugen, Hahn im Korb, schon manche Frau hochgenommen hat.

Endlich im Mai passable Luft. Eugen meldete, die Flaschen seien voll, was sich ebensogut auf Champagner wie auf Propangas beziehen mochte – Ballonfahrer schätzen die erhebende Wirkung des einen wie des anderen. In unserer großen Vorfreude schätzten wir in der Nacht noch viele Flaschen.

Treffpunkt ist Dagebüll Hafen, wo die Föhrer Fähre abgeht, ein Schiff voll fröhlicher Feriengäste, die uns beneiden – haben wir doch statt der Rückfahrkarte einen Luftballon. Wir werden übers Meer fahren, das Festland erobern und am Ende Bayern nehmen. Der Plan ist gut. Wir sind sehr stolz darauf.

Am nächsten Morgen Sonnenschein. Eugen aber demoliert wütend sein Frühstücksei. Heute wird es nichts, sagt er beiläufig. Der Wind kommt aus der falschen Richtung, Südwest, er weht hinauf nach Dänemark. Der Plan hat einen kleinen Fehler.

Wer hat ihn denn gemacht, den Plan? Eugen trägt für alles die Verantwortung, Eugen muß bezahlen. Muschelcremesuppe mit Safranblüten, Rinderfilet in Burgunder, Gratin Dauphinois und Palatschinken mit Vanilleeis und Brombeeren. Da sitzen wir abends in dem fürstlich aufgemöbelten Schlemmerlokal des Herrn Wolf Horn von Hornstein und scheuen keine Kosten, unseren Ärger herunterzuschlucken. Der Chef kocht und bedient selbst. Es wird spät in Süderende. Als der von Hornstein den Mokka serviert, ist Eugen wieder obenauf und preist den neuen Tag, das Ende unseres Kleinmuts und Aufenthalts.

Die Großwetterlage ist eigentlich günstig; ihr braucht nicht gleich fickerig zu werden, wenn es zwischendurch mal anders kommt. Ballonfahren, ein wunderbares Abenteuer! Mit der Concorde die Stratosphäre anzukratzen ist ja fast schon kommun geworden, aber in einem spartanischen Weidenkorb in der Luft herumzustehen und nicht recht vom Fleck zu kommen ist im Jet-Zeitalter ein erlesener Genuß.

Tagebuch, 17. Mai. Der erlesene Genuß will sich auch heute nicht einstellen. Der Wind frischt auf, dreht Pirouetten und bläst der Wettervorhersage frontal ins Gesicht. Dumm stehen wir am Strand herum. Es leeren sich die Strandkörbe, es füllen sich die Cafés. Nichts mehr von Föhr! Wir verlassen die Insel, wie wir gekommen sind, mit der Fähre. Ach, ich wollte die Geschichte unserer großen Luftfahrt wahrheitsgemäß von Anfang bis Ende aufschreiben, ich wollte dem Wind die Richtung, dem Zufall die Dramaturgie und Eugen die sonstige Arbeit überlassen. Aber alles geht schief.

Auf dem Unterdeck steht Eugens alter, in gedecktem Rost gehaltener Pritschenwagen mit dem Weidenkorb hintendrauf, daneben die Gasflaschen, festgezurrt, und in dem Korb liegt eine riesige Bulette, unser Ballon, wie ein Weihnachtspaket verschnürt, oben mit Schleifchen. Wann ist endlich Bescherung?

Regen in Dagebüll, Regen in Niebüll, Wobbenbüll, Odenbüll und Husum. Die Wolken kommen tief herunter; sie wären längst gestolpert, wenn hier Berge wären. In den Dörfern sehen wir nur

Regenmäntel. So weit die Scheibenwischer reichen, führen sie uns dunstgraues Land vor Augen. Eugen raucht und schweigt. Armin, der Ballonmeister, der bei Regenwetter stets ein wenig stottert, erklärt das Unternehmen für gescheitert. Das wird nichts mehr, da können wir auch gleich, sagt doch mal selbst, da können wir gleich nach Hause fahren. Eugen dagegen, der Berufsoptimist, erledigt die Tiefdruckausläufer mit einer Handbewegung und tippt auf baldiges Rückseitenwetter.

Nicht erfüllte Pläne sind die Väter neuer Pläne. Wir geben die Nordsee auf; der neue Plan zielt mehr ins windgeschützte Inland. Bei Glückstadt überqueren wir die Elbe. Man kommt ganz schön herum mit dem Ballon. Ans Geländer der Fähre gelehnt, in mieser Stimmung, ringen wir uns eine schleppende Konversation ab: über die Lust des Reisens.

Eugen fragt: Wißt ihr, wer Nadar war? Ein verrückter Typ wie Dalí. Gedrehter Schnurrbart, brandrote Mähne, eigentlich hieß er Tournachon, Gaspard-Félix Tournachon. Er hat die ersten Luftbilder gemacht. In Paris nannten sie ihn den Tizian der Fotografie. Nadar benutzte das nasse Kollodiumverfahren, wenn euch das was sagt (nein, sagt uns nichts). Im Jahre 1863 ließ er sich einen Ballon von 26 Meter Durchmesser bauen, den größten, den es bis dahin gegeben hat. Sechstausend Kubikmeter Gas! Ein Jumbo des 19. Jahrhunderts. Die Gondel des Géant bestand aus Korbgeflecht, wie üblich, war aber zweistöckig und enthielt außer einem Fotolabor auch Kabinen; sogar Betten drin. Nadar hatte einen Sinn für große Auftritte. Am 18. Oktober 1863 ist er abends auf dem Pariser Marsfeld zu einer halsbrecherischen Nachtfahrt gestartet, acht Passagiere an Bord, Madame Nadar war dabei und ein Nachfahr der Montgolfiers. Sie brachten ein Stück Europa hinter sich. Brüssel, Antwerpen, Arnheim, Osnabrück. Die Fahrt ging bis ins Königreich Hannover. Erst am nächsten Vormittag, nach siebzehn Stunden, landete der Géant, es muß eine rauhe Landung gewesen sein, der Ballon war hin, die Mannschaft schrie und jammerte, aber außer ein paar Knochenbrüchen war alles halb so wild.

Lieber Eugen, fragen wir gereizt, was soll uns denn so eine weit hergeholte Geschichte? Wir haben ja nicht einmal die Chance einer Bruchlandung. Das ist, sagt er und lächelt milde, lebendige Ballongeschichte. Es war nicht weit von hier, an der Aller.

Heute bleiben wir in Otterndorf: gerade noch an der Elbe und schon halbwegs an der Nordsee. Die Krabben heißen hier Granat, die Aale kommen mit Schwarzbrot auf den Tisch. Wir sitzen im Gasthaus »Zur Schleuse« und stochern lustlos in Kutterschollen herum, als ob die was dafür könnten. Der Wind draußen pfeift uns was. Armin liest in einem Werbeprospekt des örtlichen Verkehrsvereins. Hier steht, sagt er: »Bummeln Sie über das endlose grüne Band des Deiches und lauschen Sie dem Singen des Seewindes in den Gräsern und dem Jubilieren der Lerchen unter dem weiten blauen Sommerhimmel.« Armin tippt auf Satire, aber es muß wohl Poesie sein.

Vier Tage sind wir unterwegs, nicht ein einziges Mal waren wir in der Luft, vier Tage auf Achse. Schmiedet der gemeinsame Mißerfolg uns endlich zum Team, oder läuft es darauf hinaus, daß wir den Ballonfahrer Eugen eines Tages ein bißchen erwürgen, weil er immer nur den Kopf schüttelt und sich weigert auszupacken: zu neblig, zu windig, zu böig, zu bockig? Zu blöd. Gereizte Melancholie, zähneknirschender Friede.

Eugen ist beherrscht, aber enttäuscht: erst vom Wetter und dann von uns, die wir ihm das Wetter zum Vorwurf machen. Am schlimmsten war Gerts Bemerkung vorhin. Diese drei Amerikaner, die mit dem Ballon über den Atlantik kamen – das müssen wirklich phantastische Ballonfahrer gewesen sein, nicht wahr, Eugen?

Tagebuch, 18. Mai. Am fünften Tag, als wir schon nicht mehr daran glauben, haben wir einen verwandelten Eugen am Frühstückstisch. Er beginnt zu rotieren, geht auf den Deich, prüft die Windstärke, ruft die Hamburger Flugwetterwarte an, die Markstücke rasseln nur so durchs Telefon, verlangt den Air Information Service und gibt die unverständlichen Kürzel des Flugplans durch.

Bescherung. Wir zerren die Hülle aus dem Sack, sie ist um und um gefaltet wie ein Fallschirm, schwarzweiß gestreift wie ein Zebra. Sie wird zu einer großen Scheibe ausgebreitet. Der alte Bauer sieht mit Staunen, wie seine grüne Wiese unter gestreiftem Kunststoff verschwindet. Vorhin, als wir mit ihm verhandelten, kam besorgt die Nachbarschaft gerannt:

»Wolln die diar dain Hof afsnacken?«

»Nee«, knurrte der Alte, »is nur wegen die Starterlaubnis.«

Korb, Brenner und Flaschen herbei! Eugen und Armin setzen alles routiniert zusammen. Armin kriecht in die Hülle, die sich gespenstisch ausbeult, und macht die Reißleine fest. Als er wieder draußen ist, gibt Eugen Gas. Der Brenner speit meterlange Flammen, und ein Höllenlärm bricht los. Herr Bunsen hätte seine Freude daran. Der Feuerstrahl fährt waagrecht in die wogend aufsteigende Hülle und füllt sie mit heißer Luft.

Eugen steht im Korb, reguliert die fauchende Flamme und ruft: Festhalten, nachgeben, kommen, kommen, loslassen, Vorsicht, zurücktreten! Über ihm bläht sich haushoch der Ballon, gewaltig anzuschaun, pendelnd im Wind wie ein riesiger Punchingball in Zeitlupe. Wir ziehen die Sturzhelme auf und treten näher.

Wie hat der Ballon einst die Menschheit aufgeregt. »Groß und klein spricht von Ballons und läßt Ballons aufsteigen«, las man 1783 in einer Pariser Tageszeitung. »Alle unsere Professoren der Physik lesen jetzt über nichts anderes als über Gas, über brennbare Luft, über den aerostatischen Ball und über die Mittel, solchen in der Luft zu dirigieren.« Monsieur Faujas de Saint-Fond, ein nicht zu Unrecht vergessener Wissenschaftler, erklärte die Heißluftballone wie folgt: »Bei ihrer Operation werden tierische Materien verbrannt, welche ein wahres laugenartiges Gas erzeugen: Auch gehen aus dem angezündeten Stroh Phlogiston und in Dämpfe verwandelte ölige Materien heraus, welche in der atmosphärischen Luft verschiedene Veränderungen verursachen können.« War aber nur heiße Luft!

Sensationen einer vergangenen Epoche. Am 21. November 1783 stiegen Jean-François Pilâtre de Rozier und der Marquis d'Arlandes in La Muette mit einer Montgolfiere auf und erwarben sich den unauslöschlichen Ruhm der Pioniere. Sie waren die ersten Luftfahrer. Zehn Tage später, am 1. Dezember, schwebte der Physiker Jacques Alexandre César Charles mit seinem Gehilfen Nicolas Robert über den Tuilerien. Charles war ein Nachahmer und dennoch ein Pionier, er hatte eine ganz andere Luftkutsche erfunden, den Wasserstoffballon, genannt Charliere.

Der Ballon, eine Zwillingsgeburt: So ging die Luftfahrt los. Ungläubig starrte das Volk von Paris hinter der Montgolfiere her: ». . . und nachdem sie ongefehr 250 Schuh Höhe erreicht hatte, so grüßten die Herren Reisenden die Zuschauer mit Abnehmung ihrer Hüth.«

Eugen hat die Haltemannschaft aus dem Publikum rekrutiert. Auf dem Korbrand, auf dem abgegriffenen Lederpolster, liegen schwere Männerhände. Sie haben den ungeduldig zerrenden Aufsteiger fest im Griff. Wir klettern hinein, es ist eng, in allen Ecken stehen Gasflaschen, es bleibt nur ein Quadratmeter Boden für drei Personen. Haltet euch fest, brüllend fährt die Flamme in den offenen Leib des Ballons, wir spüren die Hitzewelle, und während wir noch mit dem Ordnen der Füße beschäftigt sind, peitscht Eugen sein Startkommando über die versammelten Köpfe: »Loslassen!«

Augenblicklich bewegt sich die Welt. Rühren wir uns vom Fleck? Nein, der Ballon scheint stehen zu bleiben, aber rundherum versinkt alles nach unten, die Wiese, der Hof, der Bauer, dem gleich der offene Mund zu einem dunklen Punkt zusammenschrumpft. Armin schwenkt das Funkgerät und ruft mit kleiner werdender Stimme, freilich unnötig laut: Hallo Zebra, Sprechprobe, hallo Zebra, könnt ihr mich hören? Aber ja, kleiner Armin. Wir fahren Lift in einem unsichtbaren Haus. Schon sind wir im vierten Stock, wo die Bäume enden, der Liftboy reckt sich ernst und stolz, wir durchfahren die nächste Etage, und es weitet sich der Horizont. Man winkt uns. Wir grüßen mit Abnehmung unserer Hüth.

In einer einzigen, atemlos erlebten Minute vollzieht sich das immer neue Wunder, daß der Mensch die Schwerkraft überwindet. Wie wenig Boden unter den Füßen, aber wieviel Welt im Auge! Der Ballon schwimmt im Luftstrom davon wie Treibholz im Meer. Erreicht die Schleuse, verläßt das Elbufer, hängt über dem Wasser, treibt nordwärts, irgendwie in Richtung Föhr. Ballonfahrer leben nicht gefährlich. Aber sie beziehen einen ebenso fragwürdigen wie wunderbaren menschlichen Standort, wenn sie auf dünnem, knarrendem Weidengeflecht zwischen Himmel und Erde stehen.

»Wer die Entdeckung der Luftballone miterlebt hat«, schrieb Goethe, »wird ein Zeugnis geben, welche Weltbewegung daraus entstand, welcher Anteil die Luftschiffer begleitete, welche Sehnsucht in soviel tausend Gemütern hervordrang, an solchen längst vorausgesetzten, vorausgesagten, immer geglaubten und immer unglaublichen gefahrvollen Wanderungen teilzunehmen, wie frisch und umständlich jeder einzelne glückliche Versuch die Zeitungen füllte, zu Tagesheften und Kupfern Anlaß gab; welchen zarten Anteil man an den unglücklichen Opfern solcher Versuche genommen. Dies ist unmöglich selbst in der Erinnerung wieder herzustellen . . .«

Goethes Wort in Eugens Ohr. Wird den Kindern von Lufthansa, Marx und Coca-Cola wirklich noch schwindlig, wenn sie sich dem Himmel nähern? Christoph Martin Wieland, der Literat, der den genialen Streich der Franzosen aufmerksam verfolgt hatte, berichtete enthusiastisch: »So kann man wohl ohne Vergrößerung behaupten, daß der menschliche Verstand seit Jahrtausenden nichts erfunden und zustande gebracht habe, das von dieser Erfindung nicht verdunkelt würde.«

Blanchard, ein gelernter Mechaniker von »niederer Herkunft«, wie es heißt, war der erste Aeronaut, der den englischen Kanal schaffte, gemeinsam mit dem amerikanischen Meteorologen Dr. Jeffries. Das war am 7. Januar 1785. Noch im Oktober desselben Jahres erschien Blanchard in Frankfurt und zeigte den erdschweren Teutonen, wie's gemacht wird.

Im Süden, blaßgrün, breitet sich das Land Hadeln aus. Die Wiesen liegen noch im matten Glanz des letzten Regens. Bald geht uns Otterndorf verloren. Wir stehen dichtgedrängelt zu dritt unter den Wolken und richten unsere Stentorstimmen gegen die bunten Krabbenkutter, die da unten vor Anker liegen. »Seid ihr Menschen oder Götter? Wer seid ihr? Gebt euch zu erkennen!« riefen die Bauern, als der Luftschiffer Blanchard bei Rouen aus heiterem Himmel fiel. Die Krabbenfischer an der Elbe geben keinen Laut. Als seien Ballonfahrten über die Elbe eine selbstverständliche Verkehrseinrichtung.

Zweimal in der Minute läßt Eugen die Flamme schießen, dazwischen ist äußerste Ruhe, stille Himmelfahrt. Der Ballon hat 600 Meter Höhe erreicht. Prometheus, unser Mann im Olymp, der den Göttern das Feuer stahl, hievt uns sachte über den großen Strom. Winzig, aber großmächtig tutend unterfährt uns ein Frachter. Eugen meldet Start und Standort über Funk, die Hamburger Fluglotsen sagen: Roger, verstanden. Du machst die Navigation, klar? Ich lasse kleinlich den Zeigefinger über die Karte wandern, hinauf nach Dithmarschen, und erkenne tief unten, schräg voraus, den Neufelder Fischerhafen.

Die Überquerung der Elbe nach Norden läuft dem neuesten

Plan zuwider, doch sie wird zum ersten Erfolgserlebnis der vermaledeiten Reise.

Als das Zebra Land unter sich hat, stieben die schwarzweißen Rinder auseinander und muhen sich ihre Ängste aus dem Leib. Sie laufen zick und zack und plitsch und platsch davon. Wasserland, Deich und Gräben, bäuerliche Südermarsch. Der Ballon nimmt die Straße nach Kronprinzenkoog, er schwebt baumwipfelhoch und zieht einen langen Schwanz neugieriger Autofahrer hinter sich her.

Festhalten! Der Aufprall zwingt uns in die Knie. Wir stehen mitten auf einer Weide und haben das einfältige Lächeln von glücklich Gestrandeten im Gesicht. Nur dem Ballonfahrer Eugen, dem Spezialisten für heraufziehende Unwetter, fällt auf, daß die gescheckten Rinder nicht fliehen, sondern unerschrocken näher kommen. Bullen haben nicht einmal vor Ballonfahrern Respekt.

Eugen dreht noch einmal auf. Der Korb fährt krachend in den Zaun, er ächzt und knirscht, dann sind wir drüber weg und sehen uns von aufgeregtem Volk umgeben.

Nach Flugzeugen, Zirkuswagen, Expreßzügen oder vielleicht auch Meerjungfrauen blickt kein Mensch sich mehr um, aber die Ankunft eines Ballons macht doch gehörig Sensation. Langsam und kraftlos fällt das Zebra in sich zusammen. Großes Gedränge, ungeheures Stimmengewirr, viele Fragen: Bloß von Otterndorf kommt ihr her? – Könnt ihr denn gegen den Wind? – Ich dachte, da kommt Pippi Langstrumpf, und nun sind es nur so ein paar olle Typen.

Später sitzen wir müde im Gasthaus, die ersten Luftfahrer, die je in Kronprinzenkoog herausgekommen sind, alles freut sich der wunderbaren Fügung, und endlich erscheint auch Armin mit dem Verfolgerwagen, ein maulender Armin, der hundert Kilometer Landstraße und drei Fähren hinter sich bringen mußte; der Luftweg dagegen war 19,2 Kilometer lang. Es regnet schon wieder.

Gibt es ein Märchen von den Kutterfischern der Nordsee? Friedrichskoog müßte der Schauplatz sein. Das Hafenbecken voll bunter Schiffe, eine Werft, unordentlich, es riecht nach Fisch und Holz und Teer, die Sprache platt wie Flundern, die Gesichter rot wie Krabben. Hier wollen wir starten. Der Tag ist schön, nur fegt der Wind zu heftig durch das farbige Idyll, diesmal aus Nordwest:

die ideale Richtung für eine Ballonfahrt von – sagen wir mal – Föhr nach Bayern. Aber wer denkt gleich an so was. Wir lümmeln uns auf einem Rettungsboot, das kieloben in der Sonne liegt, und knacken Krabben.

Mittags wendet sich der Wind und abends das Blatt. Das Werftgelände ist gerade groß genug, die Hülle auszulegen und Starthelfer aufzustellen. Eugen heizt das Zebra an. Gleich überragt es alle Masten. Unter den Kindern herrscht sprachlose Aufregung; nur der Schimmelreiter könnte uns jetzt noch die Schau stehlen. Der Wind hat abgeflaut, aber seine Kraft reicht noch aus, den aufgerichteten Ballon zu beuteln, einzudrücken, ihn als Segel zu mißbrauchen, und das halbe Dorf ist angetreten und hält eisern fest. Eugen wird der Sache nicht froh. Er befehligt nervös ein Unternehmen, das er nur deshalb nicht abzublasen wagt, weil er unweigerlich ein neues, abendfüllendes Gespräch über die großartige Leistung der Atlantikfahrer provoziert hätte. Der Teamgeist, dieses lästige Gespenst der Solidarität, grenzt manchmal an Nötigung.

Stark aufgeheizt, im rechten Augenblick losgelassen, ehe der tückische Wind sich's versieht, tut der Ballon einen Sprung in die Luft und ist frei von allen Hindernissen. Ballonfahrer nennen das einen Raketenstart. 19.30 Uhr, die Sonne sinkt in die Viehweiden, und wir steigen im Nu auf hundert Meter Höhe. Der Schafhirte, der nur dreimal die Woche seine Klinge ansetzt, weil ihn tägliche Rasur, wie er glaubhaft versichert hat, auch nicht schöner macht – er winkt am längsten. Hundert Meter ist genau die richtige Höhe, will man die Welt betrachten, ohne die Menschen aus dem Auge zu verlieren.

Der Deich, das Vorland mit den Schafen des Stoppelbärtigen, eine Gänseliesel in schwarzblauen Kleidern. Der Ballon treibt nicht, wie wir's uns gedacht haben, auf Marne oder Glückstadt zu, er nimmt Kurs auf Süden, hinaus aufs Wasser. Es ist bleigrau in der Dämmerung. Abermals fahren wir der Elbe übers breite Maul.

Bisher war Schweigen, nun läßt Eugen sich vernehmen: Wenn ihr mich fragt, Leute, das wird nichts Rechtes heute – das kann sogar recht komisch werden. Was ist denn? Ooch, nichts, nur die kleine Angst, drei Flaschen könnten für den weiten Wasserweg nicht reichen; die vierte Flasche ist in Friedrichskoog geblieben.

Aber wir machen mächtig Fahrt. Das Tageslicht schwindet und auch die Furcht, im Wasser zu landen. Als Eugen über Funk nach Armin ruft und ihm schonend, wenn auch kichernd beibringt, wo es lang geht, als wir Armins ferne Flüche hören, da brechen wir in ein unheimliches Gelächter aus, das den Kutterfischern drunten homerisch erscheinen muß. Sie krabbeln verstört an Deck und blicken herauf. Und flammend ziehen wir unsere Bahn.

Otterndorf, jawohl, Otterndorf. Mit dem letzten Tageslicht gehen wir zu Boden, der Ballon schleift den umgekippten Korb so lange mit sich, bis die Reißleine beigeholt, das Firmament geöffnet, die Heißluft entwichen ist. Vom Campingplatz kommen Leute gerannt. Es ist 20.30 Uhr, die Fahrt hat nur eine Stunde gedauert. Wir rüsten ab und lassen alles am Rand der Wiese stehen. Zu Fuß machen wir uns auf den kurzen Weg, ein paar hundert Meter. Im Gasthaus »Zur Schleuse« sind noch Zimmer frei. Wie gestern, sagt Eugen. Ach, da sind Sie wohl heute mit Ihrem Ballon einfach wieder zurückgeflogen, wie praktisch! meint die Wirtin. Man muß schon sehr viel vom Ballonfahren verstehen, um ermessen zu können, daß so eine Retourkutsche nur alle zehn Jahre einmal kommt.

Sechs Tage Deutschlandreise, und Otterndorf wird uns zum Schicksal, Otterndorf, wo einst Johann Heinrich Voß die Odyssee übersetzt hat, jene Geschichte, wo einer jahrelang in die falsche Richtung reist. Kurz vor Mitternacht trifft Armin ein. Er macht ein Gesicht, als hätte er hundert Kilometer Landstraße und drei Fähren hinter sich.

Tagebuch, 20. Mai. Heute wollen wir mal nicht die Elbe überqueren. Ungefrühstückt, wie Thomas Mann sagen würde, beraten wir den Tagesablauf. Es regnet nicht, es gießt. Der Wind ist so stark, daß wir ihm die Frage nach der Richtung ersparen können. Aufbruch ins Alte Land, mittlere Stimmung, trotz Sturm und Regen kommt man im Auto ganz gut voran. Die Obstbäume haben Millionen Lichter aufgesetzt. Halb Hamburg treibt sich, Blüten schnuppernd, hier herum.

Tagebuch, 21. Mai. Auf der Flucht vor dem Wetter haben wir die Höhe von Osnabrück erreicht. Bayern bald in greifbarer Nähe. Es ist zum Heulen.

Tagebuch, 26. Mai. Gütiger Armin, was holst du uns morgens um halb fünf aus den Betten? Es dämmert. Eine Waldlichtung bei

Trier. Sind wir auf dem Theater? Aus dem Unterholz nähern sich schwankende Gestalten, schwarz gekleidet in Lederzeug, triefend von Nässe und Bier. Unter den Bäumen stehen schwere Motorräder. Überall ist Silberglanz, Chrom, Nieten, Tautropfen. Die Lichtung, die wir gestern zum Startplatz erwählt haben, ist über Nacht zur Szene eines Rockertreffens geworden.

Einer sieht aus wie Obelix, der Gallier. »Ballon, Ballon, ich höre immer nur Ballon, was seid ihr eigentlich für Spinner?«

»Wir sind so Sportsleute, wir gehen ab und zu in die Luft.«

»HB-Männchen, was? Und dazu braucht ihr diesen Riesenpariser?«

»Das ist der Heißluftballon. Faßt 2180 Kubikmeter Luft. Hier ist der Brenner. Der bringt die Luft auf 90 bis 120 Grad Betriebstemperatur.«

»Und was braucht der so auf hundert km?«

»40 Kilo Gas die Stunde.«

»Wieso Gas in Kilo, wie wollt ihr das denn wiegen?«

»Ist flüssig wie . . . wie Bier.«

»Flüssig ist gut. Hier trink mal was Flüssiges!«

So trinken wir denn morgens um halb sechs lauwarmes Bier, als sei es unser täglich Brot. Man darf sie nicht beleidigen, sonst schlagen sie einen gleich zusammen, hat Joachim gesagt, der aus Hamburg einschlägige Erfahrungen mitbringt. Diese merkwürdige Stunde im Morgengrauen werde ich nicht so schnell vergessen. Wir machen uns nüchtern an die Arbeit. He, Freunde, wir kriegen ihn nur hoch, wenn ihr mit anpackt. Die Rocker greifen zu, verheddern sich in allen Leinen, Eugen schwitzt Blut und Wasser, doch das Zebra bläht sich auf, die Rocker stehen starr vor Staunen oder lachen sich halbtot und kugeln sich im nassen Gras. Hoffentlich, sagt Joachim, kippt ihnen die Laune nicht um. Gespannte Atmosphäre.

»Wir fahren gleich ab«, sage ich zu Obelix.

»Nein, das könnt ihr doch nicht machen, wo wir grade so gemütlich zusammen sind. Ich glaub, ich werde mit euch fliegen!«

»Geht leider nicht.«

»Ich bin aber sehr dafür, und das will allerhand heißen!«

»Und wer soll deinen heißen Stuhl nach Hause bringen?«

Punkt sechs Uhr erheben wir uns unbeschädigt aus der Waldlichtung und lassen Armin diskutierend mit Obelix zurück.

Der Wald steht schwarz und schweiget, und aus den Wiesen steiget der weiße Nebel wunderbar. War Claudius Ballonfahrer? Es ist fast windstill. Wir überqueren die Autobahn mit der Geschwindigkeit einer Schnecke. Trier in tiefem Dunst, die Mosel ist nicht zu sehen, alles liegt noch in den Federn. Bewegungslos stehen wir über dem Meulenwald. Dann eine sachte Strömung nach Nordnordost. Eugen nun englisch am Mikrophon: ». . . entering control zone at five zero zero feet . . .« Wir sind in der Kontrollzone Spangdahlem. Vom Tower des Militärflugplatzes hören wir eine schneidige weibliche Stimme, die sonst nur Jets dirigiert: »Roger, hot air balloon Zebra, you are in sight, continue!« Der Zufall führt uns haargenau über die Landebahn einer Luftmacht, gegen deren Nachbrenner unser Brenner nur ein schwaches Kerzenlicht ist.

Wie aber heißt das nächste Dorf? Flieger, die schlampig navigieren und den geographischen Faden verlieren, geraten leicht in Lebensgefahr. Ballonfahrer hingegen – sie sinken hinab, gleiten zehn Meter hoch über die Dächer und rufen: Wie heißt denn der Ort hier? Gindorf, Gindorf, ist die vielkehlige Antwort.

Das Wetter, dieser leider viel zu oft verschnupfte Souverän der Luftfahrer, zeigt sich heute gnädig und gewährt seltene Freuden. Einfahrt in die Traumlandschaft schleierhafter, wabernder Wolken. Dreidimensionales Lebensgefühl: Als treibe man sich gleichzeitig in Polargebieten, Federbetten und Abgründen herum. Tief unten liegt dunkel und platt die Welt.

Eng ist das Tal der Kyll. Dreimal versucht Eugen den Abstieg, dreimal nähert sich der Korb dem Grund, dreimal dreht er kurz vor dem Aufsetzen gegen den Berghang. Wir streifen Baumwipfel und kommen gerade noch davon. Unten weht der Wind anders als oben. Noch einmal Gas. Über den Fluß und die Wälder. Die Flaschen sind fast leer. Es reicht bis Staffelstein, wo Eugen eine ziemlich flotte Landung hinlegt. Flott heißt: viel Fahrt. Der Korb bricht durch Baumgeäst, knallt zu Boden, rutscht auf die Landstraße und nimmt, krach, einen Begrenzungspfahl mit, dann geht es waagerecht in ein Kornfeld, vierzig Meter weit, stop. Es ist neun Uhr morgens. Bilanz: 35 Kilometer, zwei Schürfwunden.

Die Deutschlandreise, immer wieder unterbrochen, geht in den Sommer hinein, ehe wir uns eingestehen, daß die Mission gescheitert ist. Das Zebra bläht sich über dem Brühler Schloß, steht über den Zinnen von Phantasieland und über den Schloten von Knappsack-Griesheim. Ein Bauer schreitet zornig die 80 Meter Rüben ab, die der Korb beim Landen geköpft hat: macht 80 Mark Flurschaden. Zwei Polizisten verfolgen uns im Lautsprecherwagen und drohen Sanktionen an, weil sie die Turbulenz der Luft nicht kennen und unterstellen, der Luftverkehrsteilnehmer habe sich soeben in den Autobahnverkehr einfädeln wollen. Im September, als wir zum letztenmal über dem Rhein stehen, sagt Eugen resigniert: Der Plan war gut, doch die Verhältnisse, die sind nicht so.

So war es immer, und so wird es immer sein. Der Ballon, mehr Lift als Luftfahrzeug, ist ein Vehikel der Freiheit und der uneingelösten Versprechungen.

Wir werden Bayern nie erreichen.

Von der Nordsee bis an die Alpen? »Vergiß die Geschichte!« sagt Eugen. »Ist leider schiefgegangen.«

Schade. Ich hätte gern was darüber geschrieben.

Der Hammelsprung

Unter dem Fallschirm

Was wissen wir vom ersten deutschen Fallschirmspringer? Er wollte partout nicht springen. Neben Blanchard, dem Ballonfahrer, stand er zitternd im Korb, hoch über Hamburg. Es ist zweihundert Jahre her. Rauhe Winde herrschten und rauhe Sitten. Blanchard packte den armen Kerl, der sich wie wild sträubte, und warf ihn in die Tiefe. Die Meinungen über diese erzwungene Pioniertat sind geteilt. Die einen sagen: Das muß ein Angsthase gewesen sein. Die andern sagen: Seine Weigerung läßt auf gesunden Menschenverstand schließen – nur ein Schafskopf wäre freiwillig das Risiko eingegangen. Aber die Sache ist komplizierter. Man kann weder von Menschenverstand noch von Angsthase reden; denn jener Fallschirmspringer war ein Hammel.

Der Hammel jedenfalls schwebte auf die Erde nieder und landete geschickt auf allen vieren, was bei modernen Fallschirmspringern nicht mehr üblich ist. An der weiteren Entwicklung der Luftfahrt nahm er keinen Anteil, er drückte sich vor Ballon und Blanchard. Man darf ihm das nicht verübeln. Jedes normale Lebewesen, sofern ihm nicht Flügel gewachsen sind, würde genauso handeln. Es gibt keinen plausiblen Grund, warum man durch die Luft sausen muß, um auf eine benachbarte Wiese zu gelangen. Ein einziges Lebewesen fragt nicht nach plausiblen Gründen. Der Mensch in seinem dunklen Drange ist zu den fragwürdigsten Unternehmungen bereit, wenn ihm jemand erzählt, dies sei ein großer Sprung für ihn. So folgte gleich auf den Hammel der homo saltans, wie man ihn noch heutzutage in der Luft hängen sieht.

Jener Hammel zog sich nach dem Hammelsprung erbittert aus dem öffentlichen Leben zurück, er kaute stumm an seinem Landeplatz und behielt alles für sich. Er nahm seine Erfahrungen wenn nicht ins Grab, so doch in den Kochtopf mit. Wie anders der Mensch! Er teilt sich mit und mit. Er berichtet allen Leuten, wie das ist, wenn man sich selber in den Wind schlägt – denjenigen, die auch einmal tief hinabsinken möchten, und denjenigen, die auf der Seite des Hammels stehen. Hat der Fallschirm sich geöffnet, kommt dabei die folgende Schilderung heraus:

Wir steigen, so beginnt der Mensch, auf vierhundert Meter Höhe. Ich sitze auf dem Boden des kleinen Flugzeugs und blicke schräg nach unten. Der Pilot neben mir blickt schräg nach oben. Denn jeder hat nur sein Ziel im Auge. Wir fliegen durch einen späten Sommernachmittag. Die Welt da unten hat ein mattes Feld-Wald-Wiesen-Grün, darin die Stadt Gelnhausen liegt. Der Fahrtwind wirbelt in die Kabine. Die rechte Tür ist abmontiert, man will mir den Schritt ins Nichts leichtmachen, und ich muß mich an einer Schlaufe festhalten, damit ich nicht vorzeitig aus dem Rahmen falle.

Eine ungemütliche Lage. Zwischen Stiefeln und Sturzhelm trage ich eine knallrote Kombination, auf dem Rücken diesen Sack voll Seide und auf dem Bauch ein zweites Paket mit Ersatzfallschirm. Die stramm sitzenden Traggurte machen aus meiner Lage eine Zwangslage, ja, ich darf behaupten, daß dieses Abenteuer mich geradezu fesselt. Um die Fesseln zu sprengen, muß man springen. Fürchtet der Fallschirmspringer den Sprung? Nein, er sehnt ihn herbei, weil er endlich die schwere, lästige Verpackung loswerden will. Der Schirm geht automatisch auf. Das Ende der Aufziehleine ist an einem Haken im Flugzeug verknotet. Indem ich mich hinabstürze, reiße ich die Seide aus dem Sack – und ihr muß ich alles Weitere überlassen.

Vierhundert Meter. Der Pilot nickt mit dem Kopf. Das Zeichen ist verabredet: Fertigmachen zum Sprung! Er hat den Motor gedrosselt, wir rauschen mit Tempo 120 dahin. Ich lasse die Beine ins Freie baumeln, und der scharfe Wind biegt sie nach hinten weg. Der rechte Fuß streckt sich nach dem Rad, auf das ich mich stellen soll, die rechte Hand rudert gegen den Sturm an, bis sie die Flügelverstrebung zu fassen kriegt. Ich stehe draußen und schlottere im Wind. Dies ist die Ausgangsposition. Ganz tief unten wandert ein Flüßchen vorbei. Der Hammel wäre längst in die Kabine zurückgeklettert. Man sagt den Fallschirmspringern Mut nach. Aber sie springen wohl nur, weil sie nicht den Mut aufbringen, jetzt noch Angst zu zeigen.

Der Pilot nickt wieder. Jemand flüstert mir zu: Mach deine Rechnung mit dem Himmel, Vogt! Es wird Schiller gewesen sein. Der Pilot nimmt eine Hand vom Steuer und macht eine ungeduldige Bewegung, als wolle er ein Insekt verjagen. Höchste Zeit für den Abgang. Ich darf die Zielwiese nicht verfehlen. Die lässige Handbewegung, die meinen ersten Fallschirmsprung einleitet, werde ich im Gedächtnis behalten. Nicht hinausgeworfen wie Blanchards Hammel – weggescheucht wie eine Mücke. Soweit der Wind das zuläßt, zucke ich schnippisch mit den Schultern. Nur niemandem zur Last fallen. Gern wär' ich noch etwas geblieben. Aber nun öffnen sich die Finger. Soll sich der Fallschirm ein Beispiel daran nehmen! Hui – weg bin ich.

In den nächsten drei, vier Sekunden bin ich wirklich ganz weg, so fährt der gefallene Mensch in seiner Schilderung fort. Das Flugzeug huscht wie ein Schatten davon. Der Körper ist schwerelos, der Rücken zur Erde gewandt, die Augen sonderbarerweise zugeklappt. Dann werde ich in der Luft herumgedreht, keineswegs ruckartig, eher sanft – und ich recke den Hals, und da ist über mir der weiße Himmel aus Seide. Der Himmel aus dem Sack. Es ist nicht zu leugnen, daß mich der Anblick wie eine märchenhafte Erscheinung überrascht, obwohl ich nichts anderes erwartet habe.

Was macht die Lust des Fallschirmspringers? Er wirft für ein paar Augenblicke sein Leben weg, und er kann sicher sein, es wird sofort wieder aufgefangen. Drei prickelnde Sekunden zwischen Sein und Nichtsein. Die Gefahr ist gering. Versierte Sportspringer mit Prüfung und Patent öffnen ihre Schirme eigenhändig, wann es

ihnen gefällt, und so können sie die Zeit der Ungewißheit ausdehnen. Sie fallen Hunderte oder Tausende von Metern, ehe sie mit der Leine die Konsequenzen ziehen. Sie verlängern das kleine Spiel mit dem Leben und fühlen sich erhaben über den Hammel, der nur sein Leben zu verlängern trachtet.

Die große weiße Pusteblume trägt das Menschlein über Land. Betrachtet man den springenden Punkt aus der Ferne, scheint er leicht und langsam abwärts zu schweben. Aber es ist nur ein gebremster Fall. Unser Fahrstuhl zu Hause ist eine Schnecke dagegen. Kein Fall für aufstrebende Geschäftsleute! Wie sehr sie auch strampeln, es geht unaufhaltsam nach unten, das reinste Bankrotterlebnis. Der Mensch hängt an 22 Schnüren wie eine Marionette seines eigenen Übermuts. In den folgenden hundert Sekunden passiert weiter nichts, außer: die Welt wird größer – nutzen wir die Zeit und lassen ein paar Gedanken abspringen.

Der Fallschirm hat eine lange Geschichte. Leonardo erprobte nie den Fallschirm, den er gezeichnet hatte, und starb eines natürlichen Todes. Im achtzehnten Jahrhundert verwendeten Ballonfahrer, Luftgaukler und Halsbrecher den Schirm zur Volksbelustigung, und noch vor achtzig Jahren blieben die Frankfurter Bürger mit offenem Mund auf der Straße stehen, wenn das mutige Käthchen Paulus vom Himmel fiel. Im Ersten Weltkrieg wurde der Fallschirm ein Massenartikel zur Rettung aus Luftnot, im folgenden Krieg sogar Angriffsvehikel. Friedlich hat er sich im kleinen Kreis der Sportspringer entfaltet.

Sie tragen Wettbewerbe aus: wer dem Zielkreuz am nächsten kommt. Es gibt lokale Meister, deutsche Meister, Weltmeister. Aus zweitausend Meter Höhe in ein tellergroßes Ziel zu treffen, das braucht Geschick. Die windschnittigen Springer zeigen im freien Fall etwas, was anderen Leuten nicht mal auf dem Boden gelingt: Körperbeherrschung. Sie breiten die Arme wie Flügel aus, schlagen Purzelbäume und steuern ihren Sturz. Ist der Schirm draußen, ziehen sie rechts und links an den Steuerseilen, und der Schirm dreht sich in den Wind, sinkt etwas schneller oder gleitet seitlich ab. Der Fallschirm ist lenkbar: ein bißchen. Oft werden die Springer vom Winde verweht. Aber schließlich kann einem das auch auf dem Erdboden passieren; nur heißt es dann Schicksal.

Sie knien auf der Wiese am Flugplatz, und immer wieder legen sie Stirn und Schirm in hundert Falten. Sie bringen das Kunststück fertig, diesen riesigen Berg von Schnur und Seide in einen handlichen Rucksack zu packen. Der Neuling, der weder das System durchschaut noch die Tricks kennt, hält die Aufgabe zuerst einmal für unlösbar. Als wolle man ein Daunenbett ins Portemonaie stecken! Die Springer entwirren geduldig die Leinen. Die widerspenstig gewölbten Bahnen müssen geordnet und halbwegs planiert werden. Ordnung ist das ganze Leben. Falten rechts herum und Falten links herum: Der Ausbilder mit den Argusaugen steht daneben und kommandiert die Irrtümer seiner Schüler weg: He, jetzt habt ihr schon wieder einen Fehler reingepackt. Anders herum! Noch mal von vorn! Die Fangleinen stramm! Wenn jemand nervös wird, beruhigt der Ausbilder: Dieser Fallschirmtyp ist beinahe idiotensicher und versagt wegen einer falschen Falte nicht gleich den Dienst. Wir hatten nie Ärger damit. (Ärger ist hier eine schöne Umschreibung von etwas, was mehr als ärgerlich wäre.)

Fallschirme gehören zum »Luftfahrtgerät«, sie brauchen eine behördliche Zulassung und ständige Pflege von fachkundiger Hand. Nylon und Perlon werden bevorzugt. Die raffiniertesten Konstruktionen kosten ein paar tausend Mark. Auf die Frage, ob sich die Ausgabe lohnt, kann man nur sophistisch aus dem Aufsatz eines Volksschülers zitieren, der schrieb: »Wenn man aus einem Flugzeug von selber hüpft oder muß, lohnt es sich, einen Fallschirm zu haben.«

Den Fallschirm endlich kleinzukriegen, damit er in den Rucksack paßt, dauert fast eine halbe Stunde. Am Schirm darf nicht geraucht werden. Die Packer setzen sich in die Sonne, und einer steigt in den Overall, wickelt Bandagen um die Füße, schnürt die Sprungstiefel und zieht das Gurtwerk an. Man sucht den Piloten. Die jungen Männer, die den seltenen Sport lieben, müssen vor allem Geduld lernen. Jeder kommt dreimal, viermal zum Sprung, dann ist der Sonntag herum. Und so ein Sprung ist nach zwei Minuten zu Ende.

Hallo, Erde! Noch dreißig Meter, schätzt der Mensch, der seinen ersten Absprung schildert – dann setze ich auf. Der Fluß nähert sich, Vorsicht, Wasser hat keine Balken. Ein Weidezaun geht an mir vorüber, ein Hammel wendet sich böse ab. Man hat dem Anfänger eingeschärft: Gefährlich ist beim Fallschirmspringen nur die Landung. Man weiß nicht genau, wann man den Boden berühren wird. Der Aufprall ist hart, und butterweiche Knie wären von Vorteil. Der Probesprung vorhin ging gut, aber vielleicht läßt sich das nicht vergleichen: Ich kam aus der Höhe eines alten Ölfasses. Der Ausbilder lobte: Gut zusammengesackt! Ein zweiter Sprung von der Tonne folgte und ein dritter. Donnerwetter, sagte der Ausbilder, Sie fallen immer auf die richtige Seite, wie Minister und Butterbrote.

Rapid geht es jetzt dem Ende entgegen. Noch fünf Meter oder zwei oder ... Es kommt vor, daß sich einer den Fuß verstaucht, und es kommt auch vor, daß ein Knochen splittert. Nur keine Bruchlandung! Ich presse die Beine eng aneinander, da springt mich schon die Wiese an, und ich rolle ihr in die Arme. Der Himmel fällt lautlos herab. Dem Himmel sei Dank.

Kein Kratzer, nichts. So freue dich, Mensch! Tatsächlich tut er nun, da alles überstanden ist, einen Freudensprung, vielleicht fünfzig Zentimeter hoch. Danach knickt er etwas ein, man sieht, wie er sich den Knöchel reibt, mit ärgerlicher Miene den ausgebreiteten Seidenhimmel zusammenrafft und aus dem Blickfeld humpelt. Moral: Bei Sprüngen in die Luft unbedingt Fallschirm anlegen!

Der Schuß aus der Kanzel

Die Aussteiger

Sie kamen aus Süddeutschland und wollten heim nach Büchel, wo sie in zehn Minuten landen würden. Den Hintertaunus nahmen sie im Tiefflug kurz vor neun. Gerhard Lohde erinnert sich an eine kleine graue Wolke, die er erst sichtete, als sie schon fast drin waren. Flieger haben Angst vor Vogelschwärmen – »aber es klang so harmlos: als würden wir mit federleichten Bällen beworfen«.

Zwei Minuten später hing der Jagdbomberpilot Gerhard Lohde im Geäst eines Baumes und blickte benommen auf einen Bauern hinab, der in seiner Aufregung mit der Mistgabel fuchtelte und unerwartete Fragen stellte: »Sprechen Sie Deutsch, sprechen Sie denn Deutsch?« Gleich darauf umarmte er den vom Himmel gefallenen Landsmann. Robert Doniat, der zweite Pilot, war hundert Meter weiter auf einer Wiese gelandet, offenbar unverletzt. Der Starfighter TF-104 G lag als rauchende Trümmerstrecke auf dem übernächsten Acker. Gemeinsam gingen sie hin. Die eben noch so mächtige Kriegsmaschine war mit ihren sieben Tonnen Gewicht an ein paar hundert Gramm Federvieh gescheitert. Wildtauben, sagten die Experten später.

Gerhard Lohde, aus Halle gebürtig, Jahrgang 1942, Hauptmann im Jabo-Geschwader 33, ist trotz seiner vorzeitig ergrauten Haare ein jugendliches, solides Mannsbild, lebhaft und gelassen zugleich – nicht anders hat man sich die Jungs auf dem Schleudersitz vorgestellt. Er trägt den orangefarbenen Overall der Einsatzpiloten und braucht wie alle Flieger seine Hände zum Erzählen. Wir sitzen in der Staffelbaracke am Fliegerhorst Büchel in der Eifel, zwei Jahre danach. Er versucht zu beschreiben, wie ihm zumute war, damals zwischen Leben und Tod.

Als es hinten im Flugzeug zu dröhnen und poltern anfing, wußten die Piloten Bescheid: Strömungsabriß im Verdichter, compressor stall. Das Triebwerk hatte die Täubchen, die ihm ins Maul geflogen waren, nicht verdaut. Sie kannten das Geräusch aus dem Flugsimulator: »Ja, darauf wird man gründlich vorbereitet, aber wenn es dann wirklich passiert, will man es einfach nicht glauben.« Der Schub blieb weg, die Fahrt ging auf 200 Knoten zurück, sie sanken dem Boden entgegen, und die Zeit wurde knapp. Dreimal wandten sie das Notverfahren an, um die Turbine auf Touren zu bringen, und jedesmal starb sie wieder ab.

Sie zögerten lange. »Innerlich wehrt man sich gegen das Aussteigen. Man hockt in einer warmen Kabine, alles ist so sehr vertraut, man fühlt sich immer noch gut aufgehoben – aber ohne Triebwerk sind die Flugeigenschaften der F-104 nicht besser als die eines Klaviers. Wir hatten kaum noch Höhe, vielleicht 500 feet. Da war plötzlich der Punkt, wo ich wußte, es geht nicht mehr.«

»Bail out«, rief Lohde ins Mikrophon – raus! Indem er den Griff des Schleudersitzes herauszog, beförderte er sich in den exklusiven Klub der Aussteiger, der kein Mitgliederverzeichnis, kein Statut, keinen Vorstand und keinen Veranstaltungskalender hat und der eigentlich gar nicht existiert, obwohl es ihn bei allen Luftwaffen der Welt gibt. Die Aussteiger werden beglückwünscht, ärztlich behandelt, verhört und bald wieder ins Cockpit gesetzt, sofern sie nicht ernstlich Schaden genommen haben – ist es so leicht, dem Tod von der Schippe zu springen?

Es läuft darauf hinaus, daß man sich selber in die Luft sprengt. Die Piloten unterziehen sich einer kurzen, heftigen Tortur, deren automatischen Ablauf sie weder beeinflussen noch bremsen können. In derselben Sekunde, da das Kabinendach abgeworfen wird, schleudert die Pulverladung der Hauptkanone den festgeschnallten Mann ins Freie. Zwei Meter über dem Flugzeugrumpf zündet der Raketensatz, der sichere Höhe und Entfaltung des Fallschirms garantiert.

Unmittelbar vor dem Abschuß fiel Lohde ein, daß er den Schleudersitz am Morgen nur nebenbei überprüft und einen wichtigen Entsicherungsstift vergessen haben könnte. Er erschrak – man muß schon sagen: zu Tode. Mit halbem Bewußtsein erlebte er den großen Knall, den Ruck nach oben, das Rauschen der Luft. Vor den Augen war ihm schwarz. Dann spürte er Schwerelosigkeit. Als der Sitz von ihm abfiel, dieses letzte Stück Cockpit-Geborgenheit, war ihm bewußt, daß sein Körper ungeschützt durch die Luft wirbelte, und er dachte: »Das muß das Ende sein, gleich klatsche ich irgendwo auf!«

Es war wie ein Aufwachen aus einem bösen Traum: über ihm der pralle Fallschirm, schräg unten Feuer und Rauch des Starfighters, dessen Aufschlag er nicht einmal gehört hatte. Aber da knackten schon Äste unter ihm. Nachher standen sie am Waldrand bei Strinz-Margarethä, wo sich bald eine Menschenmenge sammelte, und warteten auf den Hubschrauber, der sie abholen sollte. Ein Traktorfahrer brachte das Kabinendach und legte es vorsichtig zum übrigen.

Lohde gehört jener jüngeren Generation von Flugzeugführern an, die dem Richthofen-Mythos wie einem Märchen aus uralten Zeiten nachsinnen. Er kennt weder den Krieg, noch kennt er den Zirkus. In seinem ganzen Leben hat er nur 27 Stunden hinter einem Propeller gesessen, dagegen beinahe 2000 Stunden auf Jets abgeritten. Ein Spezialist. Als Faktor Mensch hat man ihn in ein kompliziertes Waffensystem eingebaut, das zu beherrschen ihm ebensoviel Lust wie Schrecken verursacht. Er hat den Starfighter in Amerika fliegen gelernt, Mitte der sechziger Jahre, als dieses bemannte Geschoß in der Bundesrepublik serienweise vom Himmel fiel und zum Mittelpunkt brisanter Debatten und Affären wurde. Aber die Ängste des Fliegers sind anders als die Ängste der Politiker. Kaum zu glauben, wie die Piloten ihren Starfighter lieben! Sie kennen die Gesetze der Aerodynamik und haben gelernt, daß sie ein modernes Kampfflugzeug, dem die Turbine ausgeht, nur noch wegwerfen können.

Den Oberstleutnant Jörg Böttcher, Kommandeur der fliegenden Gruppe in Büchel, erwischte es am 21. Juni 1978 bei Idar-Oberstein. Er flog die einsitzige F-104 als »taktische Nr. 2« in einer Viererformation, die den Schießplatz Baumholder ansteuerte, um ihre Raketen ins Ziel zu bringen. Es war eine alltägliche Übung. Als er den Ablaufpunkt Birkenfeld erreichte, fuhr er die Klappen halb aus und drückte den Schubhebel leicht nach vorn. Der Fahrtmesser stand bei 430 Knoten. Um 11.59 Uhr hatte der Verbandsführer plötzlich Böttchers Stimme im Kopfhörer: »Bravo declaring Mayday – compressor stall.« – Die Antwort: »Oh, shit!«

Böttcher, der in dieser Sekunde noch nicht wußte, daß der Kompressor beschädigt war und keinesfalls mitspielen würde, versuchte noch einmal, das Triebwerk hochzufahren, aber es mißlang, und er fügte sich in das Unvermeidliche. »Ich steige aus.« Bevor er am Griff zog, legte er den Starfighter kurz auf die Seite, weil in Flugrichtung ein Dorf aufgetaucht war, Göttschied.

»Ich habe den Ausstieg bewußt miterlebt. Als der Schirm draußen war, sah ich als erstes, daß die Maschine noch flog, sie war gut ausgetrimmt und stürzte nicht ab – sie prallte im Sinkflug gegen einen Hang.« Die F-104 explodierte, sieben Millionen Mark verpufften, ein Haus wurde beschädigt, ansonsten nur Flurschaden. Seit dem ersten, mit Verwunderung zur Kenntnis genommenen Strömungsabriß waren kaum 50 Sekunden vergangen, als Böttcher hart in ein Roggenfeld fiel und mit einer Rolle rückwärts gleich wieder auf den Beinen war.

Böttcher hatte, was er noch nicht wußte, zwei angebrochene Lendenwirbel und überspielte den Schock, indem er vorschriftsmäßig erledigte, was zu erledigen war. »Ich brauche Ihr Auto!« rief er zwei Männern entgegen, die mit einem VW daherkamen, und sie stiegen auf der Stelle aus, weil es wie eine militärische Konfiszierung klang. Er sagte matt: »Nein, fahren müssen Sie schon selber.« Im nächstbesten Haus rief er den Kommodore an und erstattete Meldung. Vom Lazarett in Koblenz, wohin ihn ein

Hubschrauber gebracht hatte, telefonierte er mit Töchterchen Petra, damals dreizehn Jahre alt. Als seine Frau nach Hause kam, fand sie neben dem Telefon einen Zettel: »Papa hat angerufen, er ist ausgestiegen, aber es geht ihm gut.«

Fliegerfrauen in ihrer steten Unruhe wissen, daß nur die weniger schlimmen Nachrichten übers Telefon kommen. Dennoch – wie leicht sind sie aus der Fassung zu bringen! Frau Lohde zum Beispiel, die Lehrerin, hatte vor ihrer Klasse gestanden, als die Sekretärin hereingestürmt war: »Frau Lohde, kommen Sie ganz schnell ans Telefon, mit Ihrem Mann ist etwas passiert!«

Der Oberstleutnant Böttcher, ein freundlicher, ernsthafter Stabsoffizier, der noch die unwichtigsten Daten seiner Laufbahn wie ein Computer abrufbar gespeichert hat, lag nach dem Unfall sechs Wochen im Krankenhaus und schleppte sich unzufrieden durch den Herbst, bis er im Januar 1979 wieder fliegen durfte. »Gerade nach so einer Geschichte«, meint er, »muß man schnell wieder ins Cockpit.«

Er wollte von Anfang an Flieger werden, einen anderen Berufswunsch gab es nie, obwohl der in die Technik verliebte Bauernsohn aus Ostpreußen vielleicht auch auf dem Landmaschinensektor etwas hätte werden können. Er ist seit 1960 bei der Bundeswehr und hat in Uetersen auf der legendären Piper Cub fliegen gelernt, die noch Holzflügel mit Stoffbespannung hatte. In Texas und Arizona folgte die Jet-Ausbildung, wie sie alle deutschen Kampfflieger erfahren, danach die sogenannte Europäisierung, die den Schönwetterpiloten klarmacht, daß sie in der alten Welt viel zuwenig Luftraum und viel zuviel Wetter haben. Böttcher hat etwa 2500 Flugstunden und die nicht unberechtigte Hoffnung, daß er eines unbewölkten Tages noch Geschwaderführer wird.

Ostpreuße und Oberstleutnant ist auch Dietmar Engel, der nicht einmal, nicht zweimal, nein, dreimal aussteigen mußte und dennoch jahrelang weiterflog, bis man ihn sanft vom Schleudersitz auf den Sessel eines Verbindungsoffiziers nach Calw versetzte, zu den Bodentruppen. Dieser Engel ist der immer noch lebende Beweis dafür, daß ein Kampfflieger mit Kopfverletzungen, Nierenprellungen und Wirbelquetschungen ganz gut durch Friedenszeiten kommen kann.

Das erste Mal passierte es am 2. Februar 1959. In Lagerlechfeld flog Engel den Jagdbomber der neuen Bundesluftwaffe, die F-84.

Sie waren mit zwei Maschinen in der Platzrunde und simulierten Instrumentenanflüge mit Radarführung. Vierzig Minuten lang war alles Routine, dann blieb ihm beim Landeanflug der Schub weg: flame out, ein Flammabriß im Triebwerk. Er fühlte es, bevor er noch einen Blick auf die Instrumente geworfen hatte. Dreimal drückte er noch den Starterknopf. Er hatte knapp 180 Meter Höhe. Es gab damals noch keine vollautomatischen Sitze, sondern Dinger, die sie »altes Chorgestühl« nannten. Man mußte verschiedene Handgriffe tun, um die Haube abzusprengen und die Ladung zu entsichern, bevor sie losgingen.

Zuerst wollte er nicht wahrhaben, daß er dran war. »Ich habe mich zu jedem Griff zwingen müssen. Es war ja ein Sprung ins Ungewisse.« Im Gedächtnis geblieben sind ihm wilde Dreh- und Taumelbewegungen, Zerren an allen Gliedern, dann überraschende Ruhe. Er hing am Schirm.

Auf dem Tower registrierten sie an diesem Vormittag heftigen Wind bis 20 Knoten. Engel fiel auf den Rücken und verletzte sich am Kopf, weil er den Helm verloren hatte. Als er aufzustehen versuchte, riß ihn der geblähte Schirm wieder um, und es gelang ihm auch nicht, die Leinen zu lösen. Der verletzte Pilot wurde ein paar hundert Meter über die Felder geschleift, über Schnee und Scholle, bis ihn zwei Fernfahrer auffingen und seinen Schirm bändigten. Er lag eine Woche im Krankenrevier und genoß seine Errettung »wie ein Abenteuer, das man gut überstanden hat«.

Noch abenteuerlicher ging es ein Jahr später in Lagerlechfeld zu. Bei einem erzwungenen Startabbruch raste Engels F-84 durch das Fangnetz auf der Piste, überquerte einen Acker und landete brennend in einem alten Bombentrichter. Hier hatte schon einmal eine Maschine gelegen, und der Pilot war nicht mehr herausgekommen. Der Hauptmann Engel schaffte es. Er verließ das Cockpit auf der Luvseite, wo das Feuer sich zurückhielt, und machte sich auf die Beine. »Ich habe noch nie einen Menschen so schnell wegrennen sehen«, sagte ein Staffelkamerad.

Eigentlich zweifelte nun niemand mehr an seiner Unverwundbarkeit, da mußte er sie ein drittes Mal erproben. Das war am 17. August 1965 während seiner Ausbildung zum Starfighter-Fluglehrer in Jever. Er übte Nachtlandungen im Doppelsitzer. Vor sich hatte er den Kapitänleutnant Eichler, einen Mann schneller und richtiger Entschlüsse, wie sich zeigte. Sie hatten gerade aufgesetzt, als sie merkten, wie das rechte Hauptfahrwerk nachgab, wie die Maschine zu schlingern begann. Eichler stieß den Schubhebel nach vorn, zündete den Nachbrenner und brachte die TF-104 sofort wieder in die Luft. Er wagte – fliegerisches Meisterstück – ein zweites touch-and-go auf einem Rad, und sie erkannten, daß sie sich das Genick brechen würden, wenn sie zu landen versuchten.

Sie waren in der glücklichen Lage, daß sie den Ausstieg planen konnten, denn jetzt ging es nicht um ein paar Sekunden und nicht um ein paar Meter – aber gerade weil sie so lange Zeit zum Nachdenken hatten, machte sich ein mulmiges Gefühl in der Kabine breit. Sie wollten die TF-104 ins Wattenmeer fallen lassen. Die Nacht war klar, aber ohne Mond, die Sterne gaben kein Licht. Unter Radarführung steuerte Eichler nach Norden. Sie stiegen in der stockdunklen Nacht auf 3000 Meter Höhe, sicherheitshalber, und wußten trotz Radar am Ende doch nicht genau, ob sie die Küstenlinie schon überflogen hatten.

»Es kostet unheimlich viel Überwindung, aus einer flugtüchtigen Maschine mit laufendem Triebwerk auszusteigen«, sagt Engel. In einer flachen Linkskurve rief Eichler: »Ich gehe jetzt.« Wo er gesessen hatte, glühte ein Feuerball auf, der Engel blendete. Eichler war draußen. Engel konnte nichts mehr erkennen. Als er sich fünf oder zehn Sekunden später selber abschoß, fiel ihm ein, daß er vergessen hatte, das Triebwerk abzuschalten. Der Schlag, den es ihm diesmal versetzte, war härter als beim ersten Mal. Er dachte, »mich zerreißt es in der Luft«.

Dann die ebenso beruhigende wie enttäuschende Erkenntnis: »Jetzt hängst du schon wieder am Fallschirm und hast auch diesmal nichts davon.« Er hörte das Triebwerk heulen, und er hörte genau, daß der führerlose Jet noch zwei Vollkreise drehte, dann wurde es abrupt still.

Unvorbereitet schlug er auf. Das erste, was er erkennen konnte, war der Kopf einer Kuh, die ihn zu beschnuppern gekommen war. Er rannte in einen Stacheldrahtzaun und fiel kopfüber in einen Wassergraben. Das Haus, das er fand, schien von den Bewohnern verlassen, obwohl die Tür geöffnet war, das Licht brannte und der Wasserkessel auf dem Herd stand. Er rief: »Hallo, hallo«, ging wieder hinaus, weil er fürchtete, man könnte ihn für einen Eindringling halten und gewaltsam hinausbefördern. Draußen traf er Bauer und Bäuerin. Der Lärm hatte sie geweckt, sie waren zur Absturzstelle gerannt. Der Bauer besah sich ungläubig den Fremdling. »Bist du ...«, fragte er und stotterte, »bist du von dem Flugzeug dahinten?«

Er lag mit starken Rückenschmerzen in der guten Stube. Er empfand es als Ironie, daß ein friesischer Bauer mit dem Fahrrad zum nächsten Ort fahren mußte, um telefonisch den erfolgten Niedergang eines höchst modernen, mit allen Raffinessen der Telekommunikation ausgestatteten Jagdbombers zu melden. Eichler wurde erst später gefunden. Die Piloten sahen sich im Landeskrankenhaus wieder, der eine mit gequetschten Wirbeln, der andere mit aufgerissenem Knie.

Nach sechs Monaten flog Engel wieder. Vor Nachtflügen war ihm nicht mehr geheuer.

Eine Geschichte mit sooo einem Bart

Blonde Dame im Slip

Segelfliegen für Anfänger

Hören wir zu, was die Gesellschaft am Nebentisch redet! Die rothaarige Frau mit dem weitläufigen Pullover behauptet, sie habe am Nachmittag ihren Bart verloren, übrigens einen Dreimeterbart, was um so erstaunlicher ist, als die glattrasierten Männer zu ihrer Rechten und Linken sich nur bescheidener Zweimeterbärte rühmen – und nun brauchen wir uns gar nicht mehr zu wundern, wenn der Typ mit der Hornbrille nüchtern einwirft, er sei den ganzen Tag nicht aus dem Saufen herausgekommen, und wenn sein Nachbar merkwürdig glänzende Augen bekommt und erzählt, er habe seinen Vogel ausgehungert. Die blondgefärbte Dame in der Ecke (so zwischen vierzig und sechzig) läßt wissen: »Ich hab' immer Schwierigkeiten, schnell genug aus dem Slip herauszukommen.«

Wir sitzen in einer Fliegerkneipe. Die Herrschaften sind nicht übergeschnappt. Sie sind Segelflieger. Der ahnungslose Gast mag sich verwirrt davonschleichen. Die Rote mit dem Bart und die Blonde mit dem Slip! Er wird nie erfahren, wovon die Rede war. Wer die Flieger will verstehen, muß in Fliegers Lande gehen. Und früh aufstehen: morgens um acht geht es los.

Der Teutoburger Wald ist der rührende Versuch, in Norddeutschland ein richtiges Gebirge aufzurichten. Was ihm an Höhe fehlt, macht er immerhin an Länge wett. Morgens um acht kitzeln die ersten Strahlen der Septembersonne den Nebel aus den Bäumen. Am Fuß des dampfenden Höhenzugs liegt der Flugplatz Oerlinghausen, wo sich die Flugschüler in Erwartung großer Ereignisse versammeln. Die Hallentore öffnen sich wie ein Theatervorhang: Man sieht ein Dutzend rot und weiß bemalter Segelflugzeuge, kreuz und quer abgelegt und scheinbar heillos ineinander verschachtelt und verkeilt. Das Stück, dessen erster Akt nun beginnt, heißt: Wir lernen fliegen.

Die westfälische Segelflugschule Oerlinghausen ist ein Großunternehmen der Kleinluftfahrt. Sie bildet jährlich ein paar hundert Flieger aus. Da wird nicht mit der linken Hand geschult, da braucht man beide Fäuste. Jeweils sechs oder sieben Schüler gruppieren sich noch ein wenig täppisch und unaufgeklärt rund um das Flugzeug, das ihnen der Oberfluglehrer zugeteilt hat. Sie werden es in den folgenden Tagen von innen und außen, am Himmel und auf Erden gründlich kennenlernen, gelegentlich mit Schwamm und Seife abwaschen und immer, immer wieder mit vereinten Kräften an die Startstelle schieben. Aber zunächst einmal: Zwei Mann heben den Schwanz ihres Vogels an, die übrigen stemmen sich gegen die Tragflächen, und aus der Halle kriecht eine lange Schlange rückwärts rollender Flugzeuge auf den Platz. Der Startpunkt ist am anderen Ende, eine Viertelstunde entfernt. Segelfliegen: Hat man da nicht immer nur vom leichten, vogelgleichen Schweben gehört? Der Flugschüler läßt sich keuchend ins taufeuchte Gras sinken.

Erste Erkenntnis: Der Mensch, zum Fliegen nicht geboren, muß große Anstrengungen auf sich nehmen, um in den Himmel zu kommen. Beim Segelfliegen gibt es keine Dienstboten. Wer fliegen will, muß auch schieben und ziehen und laufen, die Schleppseile einhaken, die Startliste ausfüllen und manchmal ein paar Stunden lang Lepo fahren. Lepo? Bei Lepo handelt es sich um die Abkürzung von Leporello – nein, hat nichts mit Don Juan zu tun, vielmehr ist es ein von hinten nach vorn gelesener »oller Opel«. Mit dem Lepo werden die Windenseile nach jedem Start wieder dorthin gezogen, wo man sie braucht: zum nächsten Start. So sind immer alle beschäftigt, damit einer fliegen kann.

Fürs erste fliegt man zu zweit, vorn der Schüler, hinten der Lehrer. Die ASK 13 hat weitgespannte Holzflügel und einen Rumpf von Stahlgitter, vorn ein dickbauchiges Cockpit mit Plexiglashaube. Außen ist alles beplankt oder mit Stoff bespannt, drinnen ist alles Rohbau: man sieht das blanke Gerippe, Metallstreben und Holzleisten und die Steuerseile, deren geringe Bewegung über Aufstieg und Abstieg, über sanfte Heimkehr oder Bruch entscheidet. Das Flugzeug, das nur ein Hauptrad in der Mitte hat, liegt schräg in Ruhestellung, eine Tragfläche aufgestützt. Das Windenseil wird an der Kufe eingehakt. Nun mach schon! sagt der Fluglehrer. Sein Schüler spreizt die Finger der linken Hand und betrachtet sie nachdenklich. Er kann wohl nicht bis fünf zählen? Doch, doch – er macht nur die Fünffingerprobe, die der Lehrer empfohlen hat: Fallschirm und Sitzgurt richtig eingehakt? Alle Ruder frei? Bremsklappen eingefahren? Haube verriegelt? Höhenmesser und Trimmung eingestellt? Meister, wir können!

Draußen liftet einer die Tragfläche und stellt den Aeroplan waagrecht. Er hebt die Hand, alles klar. Im Startwagen nebenan – ein ausgedientes Feuerwehrauto – nimmt ein Helfer den Telefonhörer und ruft den Windenfahrer an. Die Winde steht weit entfernt an der gegenüberliegenden Flugplatzseite, das Seil ist beinahe 1200 Meter lang. Nun strafft es sich.

Kein Segelflieger wird je den ersten Windenstart vergessen. Den Fluglehrer im Nacken, gottlob, hat er plötzlich das Gefühl, als wolle ihm jemand das Flugzeug unter dem Hintern wegziehen. Es ist die Beschleunigung eines Rennwagens, die ihn überfällt. Auf der Winde muß ein Formel-I-Fahrer sitzen! Der Helfer an der Tragfläche kann nur drei Schritte mithalten, dann bleibt er mit leeren Händen zurück. Nach zehn Metern hebt das Flugzeug ab, knallt noch einmal mit dem Schwanz auf die Erde und schießt steil nach oben. Der erschreckte Neuling sieht nur noch den Himmel, alles andere rutscht seitwärts aus den Augenwinkeln.

Eine ungemütliche Lage, auch Ohrensausen. Wer heult denn da? Der Wind, der Wind. Einhundert Meter. Man muß das über sich ergehen lassen wie eine kalte Dusche oder wie eine Blutentnahme, gleich ist es vorbei. Zweihundert Meter. Noch mehr ziehen! ruft der Lehrer, es geht noch steiler, du verschenkst ja die ganze Höhe. Und wenn schon, denkt der trotzige Schüler, der krampfhaft den Steuerknüppel festhält, ich bin halt ein großzügiger Mensch, mir soll es auf ein paar Meter Höhe nicht ankommen. Dreihundert Meter. Die Bahn des hochgeschleuderten Flugzeugs wird flacher, und – klack! – löst sich das Schleppseil aus der automatischen Kupplung. Das Heulen verstummt, und jetzt hört man das stetige leise Pfeifen, das während des Fluges nie aufhören darf: es kündet von der Luftströmung, die uns sicher trägt. Segelfliegen, eine Sache mit Pfiff. Das Seil sinkt an seinem Bremsfallschirm zu Boden, das Flugzeug aber ist frei.

Frei sein: das sehnsuchtsvolle Wort hat bei den Segelfliegern einen tieferen Klang, es bezeichnet Ursprung und Tradition ihres unvergleichlichen Sports.

Warum ist die Geschichte des Segelflugs mit soviel Ehrfurcht, soviel Pathos, soviel Nationalstolz geschrieben – warum haben sie damals nicht einfach Tinte benutzt? Frei sein von den Fesseln der Siegermächte.

Es folgt ein großes Kapitel Luftfahrtgeschichte.

Der Rhöngeist läßt grüßen

Indianer auf der Wasserkuppe

Im Ersten Weltkrieg verlor das Flugzeug seine Unschuld. Es gab Jagdeinsitzer, Schlachtflieger, Großbomber, Lilienthal hätte nicht gewußt, wovon die Rede ist. Vor 1914 war das Flugzeug nur ein Spielmobil. Aus heutiger Sicht: ein Lustobjekt für Männer, die entweder hart oder reich oder zukunftsselig oder dies alles in einem waren. Sie wollten den Himmel erobern, aber dann lief es doch wieder auf die Eroberung fremden Landes hinaus. Die Bruchlandung des Kaiserreichs. Der Versailler Vertrag. Die Sieger sperrten den Besiegten den Himmel. Der Frankfurter Ingenieur Oskar Ursinus, Herausgeber der Zeitschrift »Flugsport«, fand später die passenden Worte zur Lage der Nation: »Es war in traurigster Zeit: 1919. Das deutsche Flugwesen war vernichtet. Alles schlummerte in resignierter Verzweiflung.«

Doch die Deutschen sind listig. Der Versailler Vertrag, der die Luftfahrt verbot, hatte ein Loch: über Gleitflugapparate stand nichts drin. Durch dieses Loch schlüpften Studenten, Bastler, Techniker, alte Kampfflieger und neu entflammte Enthusiasten. Der »Flugsport« gab das Startsignal. Am 24. März 1920 brachte er einen Aufruf des Flugtechnischen Vereins Dresden: Zurück zu den Vätern, zurück zu den Sprunghügeln! Ein Gleitflugwettbewerb in der Hohen Rhön. Ursinus übernahm die Organisation und besuchte den Kaufmann Kotzenberg, der die erhoffte mäzenatische Geste, den Griff zum Scheckbuch, nicht schuldig blieb: »Wieviel brauchese denn?«

Im »Hirschen« zu Gersfeld finden sich zwei Dutzend Bewerber ein, der jüngste ist vierzehn Jahre alt, Peter Riedel, in kurzen Hosen, einen Persilkarton unter dem Arm. Rhön-Baby Riedel, wider Erwarten nicht durchgebrannt, sondern durch elterliche Unterschrift legitimiert zum großen Abenteuer, bringt statt Flugerfahrung ein selbstgebautes Flugzeug mit. »Liebe Mutti«, schreibt er

MURI

auf eine Postkarte, »bin gut in der Rhön angekommen ...« Es ist der rührende Anfang einer Geschichte der Entdeckungen, Triumphe, Todesstürze, die bis zum heutigen Tag immer wieder neue und verblüffende Fortsetzungen hat.

Erste Szene: wilde Bergeinsamkeit. Die Wasserkuppe erhebt sich kahl und massig aus dem waldreichen Mittelgebirge, den Wolken näher als der bewohnten Welt, 950 Meter über Null. Gelegentlich ein Wanderer, der sich vom Wind gern wieder zu Tal fegen läßt, schnurstracks ins warme Wirtshaus. Eine Straße gibt es nicht. In dieser Wildnis haben Darmstädter Gymnasiasten schon vor dem Krieg bescheidene Luftsprünge gemacht, zuerst 1911. Wie zerbrechlich waren ihre Fluggestelle!

Die Apparate, die im Sommer 1920 auf den Berg geschafft werden, sehen nicht besser aus. Holz, Draht, Leinwand und Packpapier. Es könnten Windmühlenflügel sein, Drachen, Dachstuhlgerippe oder auch Klavierhälften mit heraushängenden Saiten. Mühsam schleppt sich die deutsche Luftflotte hügelaufwärts. Die Rhönbauern begegnen der Zukunft und sind schrecklich verwirrt.

Die Flieger schlagen ein Lager auf, Militärzelte, Hütten, Verschläge, ihr Badezimmer ist die Fuldaquelle nebenan. Sie sind anspruchslos wie alle Pioniere. Nudeln mit Backobst oder Backobst mit Nudeln. Sie rechnen, sägen, konstruieren, leimen, diskutieren, essen, schlafen – alles unter einem Dach. Sie schlottern vor Nässe. Die Erwartung wärmt sie. Am 6. August startet Bruno Poelke zum ersten offiziellen Wettbewerbsflug. Ursinus kommentiert: »Da, plötzlich, nachmittags gegen vier Uhr, sieht man ein weißes Gebilde von Menschenhand acht Sekunden in der Luft stillstehen. Es ist Poelke mit seinem Doppeldecker. Ein Erstlingsversuch, und doch sind die Menschen begeistert ...« Acht Sekunden. Sie fangen wirklich noch einmal ganz von vorn an: bei Lilienthal, Chanute, den Wrights. Bruno Poelke, Erfinder und Gleitflieger der Vorkriegszeit, Militärpilot ohne letale Erfolge, bleibt eine Randerscheinung der Fliegerei. In den sechziger Jahren wird der alte Rentner Poelke wiederentdeckt und als Fossil einer längst vergangenen Epoche in artig staunenden Jet-set-Kreisen herumgereicht. 1970 darf er dem Mann im Mond, Neil Armstrong, die Hand schütteln, und keiner von den beiden ist imstande, die Leistungen des andern zu ermessen.

Im Sommer 1920 ist Fliegen noch Glückssache. Wolfgang Klemperer bleibt zwei Minuten und 22 Sekunden in der Luft und kommt 1830 Meter weit. Eugen von Lößl, ein erfahrener Kriegsflieger, ist das erste Todesopfer auf der Rhön. Ursinus verkündet: »Es wird weitergeflogen!« Ein geflügeltes Wort. In den folgenden Jahren gewinnt es eine schillernde, magische Kraft: »die siegreiche Losung der Rhön«. Jahr um Jahr sammeln sich nun die Pioniere im Fliegerlager. »So entstand aus bitterer Not und echtem Lutherstolz der deutsche Segelflug«, notiert Peter Supf, der Chronist.

Phönix aus der Asche. Einstweilen noch flügellahm. In der Baracke der »Wissenschaftlichen Gesellschaft« streiten die Fachleute um ihre Theorien, um Aerodynamik, Flügelprofile, Aufwindthesen. Nach Supfs Darstellung »konnte man Professor Prandtl auf den Tisch steigen sehen, um Papiermodelle fliegen zu lassen, während Professor Hoff mit Gelenkrheumatismus im Bett lag und Dr. Madelung, Faust zitierend, ein Butterbrot schmierte«. Auch 1921 wieder ein Todesfall: Wilhelm Leusch.

1922 gelingt der erste Stundenflug. »Erreicht ist ein neues Menschenziel!« ruft der Flieger Martens überschwenglich und so laut, daß die Öffentlichkeit endlich auf die fliegende Jugendbewegung aufmerksam wird; zunächst eine Bewegung der Bruchpiloten. »Hätte nicht ein großer unbekannter Mensch den Kaltleim erfunden«, seufzt später Fritz Stamer, der Fluglehrer, »ich glaube, unsere Versuche wären damals im Keime erstickt.« Die Bruchpiloten lassen sich mit sauer-süßen Gesichtern in den Trümmern ihrer Apparate fotografieren. Die Flugzeuge tragen ergötzliche Namen: »Schwarzer Teufel«, »Blaue Maus«, »Vampyr«, »Geheimrat«, »Besenstiel«, »Hol's der Teufel«. Ehemalige Kriegsflieger werden TH-Studenten. Ingenieure und Wissenschaftler unterstützen die ziellosen Versuche, der Meteorologe Georgii, die Konstrukteure Lippisch und Messerschmitt. Fokker taucht auf, auch Udet. Ganz Unentwegte und Arbeitslose überwintern auf der Wasserkuppe.

Es ist die Gründerzeit der Idealisten. Im Rückblick nimmt diese fliegerische Jugendbewegung fast religiöse, mythische Züge an: Man spricht vom heiligen Berg der Flieger, vom Rhöngeist, der alle und alles erhebt, von Ursinus, dem Propheten, den sie bald nur noch den Rhönvater nennen, von ihrer neuen Zeitrechnung:

die erste Rhön, die zweite Rhön, die dritte Rhön. Die friedliche Erstürmung des Himmels. Der Segelflug ist zweifellos das Beste, was die Deutschen je aus einem verlorenen Krieg gemacht haben. Der Flieger Jochen von Kalckreuth nannte den Segelflug »eine unauslotbare Verknüpfung von Gedankensport, technischem Abenteuer, Philosophie und Natursuche«. Typisch deutsch.

1923 ist die vierte Rhön. Am Westhang der Wasserkuppe wird das Ehrenmal mit dem vaterländischen Reim eines Diplom-Ingenieurs eingeweiht, obenauf ein bronzener Adler, der seine Schwingen noch nicht entfaltet hat. Es ist das Jahr des mißglückten Hitlerputschs. Nach 1933 wird man den Spruch wörtlich nehmen: »Wir toten Flieger/blieben Sieger/ durch uns allein/Volk, flieg du wieder/und du wirst Sieger/durch dich allein.« Die Rhönbewegung hat so viel nationalen Schwung, daß sie kopfüber in den Nationalsozialismus stolpert.

1924 ist die Regenrhön, 1925 die Russenrhön. Zum erstenmal sind Flieger aus der Sowjetunion am Hang. Auch in Italien, Frankreich, England, sogar Amerika hat sich herumgesprochen, was die verrückten Rhön-Indianer treiben. Die Flugzeuge werden schnittiger, die Piloten sitzen bald nicht mehr im Freien.

Die Ausnutzung des Hangaufwindes ist der erste Schritt vom Gleitflug zum Segelflug. Die besseren Piloten bleiben Stunden um Stunden in der Luft. Und nun? In der Mitte der zwanziger Jahre hat die Rhön ihre Krise. Viele kehren in die Motorfliegerei zurück, sie haben genug davon, immer nur am Berg zu kleben, die Hänge zu polieren, im Tal zu landen und den beschwerlichen Rücktransport zu organisieren - wozu Ochsen, Pferde, Autos oder Schulklassen gebraucht werden, Geld und gute Worte. Der Segelflug am Ende seiner Möglichkeiten? Alle flüstern das Zauberwort: Thermik.

Lilienthal hat nachdenklich die kreisenden Raubvögel beobachtet. Erzeugt nicht die Sonne am Boden einen Wärmeaufwind? Das Rätsel steht noch ungelöst im Luftraum. Manchmal geraten die Rhönflieger in vertikale Strömungen, aber nur zufällig: Duselthermik. Sie sind an der Schwelle neuer Erkenntnisse und wissen doch nicht, in welche Tür sie ihren Fuß setzen sollen. Einige verfallen auf den Hilfsmotor. Ihre Errungenschaft, der Motorsegler, ist ein Zwitter, der weder vom Segelflugzeug noch vom Motorflugzeug die besten Eigenschaften mitbekommen hat.

Auch der Fortschritt ist auf Zufälle angewiesen. Am 12. August 1926 wird Max Kegel, Oberwachtmeister der Luftpolizei, mit seinem Segelflugzeug »Kassel« von einer Gewitterwolke verschluckt und in die Höhe gerissen: wie ein Blatt Papier im Kamin. »Um mich ist tiefe Finsternis und ein Getöse, als stünde ich unter einem Wasserfall . . .« Als das Gewitter den Flieger endlich ausspeit, ist er mindestens fünfzig Kilometer von der Wasserkuppe entfernt. Er landet durchnäßt, sprachlos und glücklich bei Coburg. Der Gewittermaxe, wie er fortan heißt, liefert mit seiner Odyssee den Nachweis gewaltiger Luftkräfte, die sich unabhängig vom bodennahen Hangwind entfalten.

Es geht auch ohne Gewitter. Robert Kronfeld führt das Variometer ein, das Steigen und Sinken anzeigt und zum Hauptinstrument der Segelflieger wird. 1930 kommt Wolf Hirth in Amerika auf die glänzende Idee, den Flug kreisender Vögel zu imitieren. In Aufwindschächten schraubt er sich an die Wolkenbasis heran. Bald fliegen die Rhön-Indianer mit der Steilkreistechnik dem halbwüchsigen Mittelgebirge davon. Sie ersetzen den Hauruck-Start per Gummiseil durch Flugzeugschlepp und Winde. So erobern sie sich das flache Land, das Hochgebirge. Die zwölfte Rhön, 1931, ist die Thermikrhön. Alles kurbelt über Land. Hirth erreicht den Rhein und wird von einem Zaungast gefragt, ob man in einem Segelflugzeug auch geradeaus fliegen kann.

Die kühnsten Träume erfüllen sich. In den dreißiger Jahren werden die Rekorde inflationär: zweihundert, dreihundert Kilometer. Zielflüge nach Berlin werden Mode, die Ostsee rückt ganz dicht heran. Heini Dittmar und Günther Groenhoff werden berühmt und eine kleine drahtige Frau, Hanna Reitsch. Schließlich entdecken die Piloten die hohe Welle, den Fahrstuhl in die Stratosphäre, in der man nur noch mit Sauerstoffmaske und Pelzstiefeln überleben kann.

Erich Klöckner, 1939: »Es ist für mich ein unfaßbares Erlebnis, lautlos . . . in einer klaren, kalten Januarnacht über den mächtigen, allen Stürmen trotzenden Bergen der Alpen immer höher und höher zu segeln. Ich lebe in einer anderen Welt, frei von den Sorgen des täglichen Lebens, und spüre die göttliche Allmacht.«

Der Vogel wird ausgehungert

Segelfliegen für Fortgeschrittene

Kamerad Klöckner mag die göttliche Allmacht gespürt haben – der Anfänger in Oerlinghausen spürt nur die wenig göttliche Allgegenwart des Fluglehrers. So verschieden ist es im Fliegerleben. Lautlos durch die Lüfte schweben? Nein, der Fluglehrer hat dauernd was zu meckern. »Menschenskind, wo bleibt die Fahrt? Drücken, drücken, sonst können sie uns gleich von den Bäumen pflücken!« Von hinten kommen Befehle, Flüche, Seufzer, Beschimpfungen, Stoßgebete, Überlebensfragen: »Wo bleibt dein Seitenruder, warum ziehst du nicht, du Tünnemann?« Fluglehrer sind nicht immer höflich. Einmal hat mich einer Blödmann genannt – ich sah es ihm nach, denn er verhinderte gerade noch unseren Absturz. Höflichkeit kostet nur Zeit und trägt in kritischen Augenblicken nicht zur Stabilisierung der Fluglage bei. Nur Fluglehrer sind so respektlos, daß sie einem, sagen wir: Professor der Mathematik ganz unbefangen ins Gesicht sagen: »Das war aber schwach, du Ei!«

Schon wieder die Stimme aus dem Hintergrund: »Wo ist denn dein Wollfaden?« Mein Wollfaden? Vor der Haube, auf dem Rumpfbug, flattert wie ein Fähnlein im Wind ein Faden aus Wolle, das primitivste und genialste Instrument der Segelfliegerei. Zeigt er direkt auf den Flieger, ist alles in Ordnung, wird er aber nach rechts oder links abgelenkt, so heißt das: unser Flugzeug rutscht in einer zu steilen Kurve nach innen oder schiebt in einer zu flachen Kurve nach außen. Unsaubere Strömung. Der Ariadnefaden im Labyrinth der Lüfte ist rot.

Fliegen lernt man nicht an einem Tag. Zwanzig- oder dreißigmal hat der Schüler die ASK 13 aus der Landewiese geholt und an den Start geschoben, dreimal oder viermal ist er selbst geflogen, da sinkt schon die Sonne. So geht das nun alle Tage. Der ganze Verein schleppt sich müde in die Kantine, später vielleicht in die Fliegerkneipe jenseits der Straße, selten in die kleine Stadt Oerlinghausen. Muskelkater und Müdigkeit zeichnen den Flugschüler aus, und wer abends zu viel trinkt und gar durchs Fenster in die Unterkunft einsteigt, fällt am nächsten Morgen sicher auf die Nase. Leben wie in der Jugendherberge. Alle sagen du. Eine klassenlose Gesellschaft: sogar den Weltmeister Ingo Renner, der hier als Fluglehrer tätig ist, darf man duzen, und das erhebt manchen mehr als der rasanteste Windenstart. Hi, Ingo, wie ging's heute? Nach dem Essen drängt sich alles begierig um die Startlisten, jeder hat ein Flugbuch, und jeder sammelt seine wenigen Flugminuten ein, Startzeit und Landezeit, die flüchtigen Meilensteinchen seiner fliegerischen Laufbahn.

Wenn man in Oerlinghausen auf 300 Meter Höhe katapultiert wird, hat man fünf Minuten Zeit für den Gleitflug zurück zur Erde.

Segelfliegers Motor ist die Schwerkraft. Er setzt Höhe in Fahrt um: potentielle in kinetische Energie. Hat er seine Höhe verbraucht, ist der Flug zu Ende. Fliegt er aber durch eine Luftmasse, die schneller steigt, als sein Flugzeug sinkt – nun, da habt ihr das ganze Geheimnis des Segelflugs. Das Geheimnis kriegen wir aber erst später.

Einstweilen muß sich der Anfänger im Hangwind des Teutoburger Waldes über Wasser halten und Achten in die Luft malen, eine Beschäftigung, die ihn so sehr in Anspruch nimmt, daß er darüber Zeit und Höhe vergißt. Der Fluglehrer reißt ihn aus seiner angestrengten Abwesenheit: Nun aber schleunigst nach Hause, mein Junge. Ein Segelflieger darf sich nicht verbummeln, wenn es abwärts geht, sonst erreicht er nimmer den Platz. Der dümmste aller Fliegersprüche lautet: Herunter kommen sie immer. Fragt sich nur: wo und wie?

Auf dem Flugfeld liegt, weithin sichtbar, das Landezeichen, ein riesengroßes T. Dort wird aufgesetzt. Man muß sich den Abstieg frühzeitig einteilen: mit 150 Meter Höhe in den Gegenanflug, dann eine 90-Grad-Kurve zum Queranflug und dann noch einmal um die Ecke in den Endteil. Segelflieger können das Finale nicht durch Gasgeben strecken wie Motorflieger. Aber sie können, wenn sie zu hoch hereinkommen, »die Höhe kaputtmachen«: indem sie die Bremsklappen ausfahren und/oder einen Slip einleiten – der Slip ist ein harmloser, wenn auch waghalsig aussehender Seitengleitflug, bei dem der Vogel rapide sinkt, ohne schneller zu werden. Man muß aber – wie jene Dame richtig bemerkte – rechtzeitig wieder aus dem Slip herauskommen.

Versetze sich einer in die Lage des Fluglehrers! Wie viele hundert Male hat er sich zusammen mit Schülern, die er noch gar nicht kannte, in das enge, spartanische Cockpit gezwängt, mit Studenten und Bauernsöhnen, mit Sekretärinnen, Doktoren und Halbstarken. Wie oft hat er sie gelobt und zur Sau gemacht, ihre Reaktionen beobachtet, ihre Fehler korrigiert, ihre miserablen Landungen verflucht und ihre grenzenlose Dummheit, die sein eigenes Leben ruinieren kann – und nun, eines Tages, unerwartet, trifft er seine folgenschwere Entscheidung: Nun setz dich mal rein und mach das allein!

Der erste Alleinflug. Mit hundert Sachen gen Himmel geschleudert und dann die Stille und die Angst. Die Flächen schwanken leicht im Wind. Der Teutoburger Wald ist nur eine Falte im Teppich der Landschaft. Endlos der Himmel. Der Fahrtmesser meldet achtzig Kilometer in der Stunde. Der Flieger wird sich bewußt, daß er in all den Tagen der Schulung vollständig in seiner Kabine gefangen war, ja, daß sogar seine Augen eingesperrt waren. Außer den Instrumenten, dem Wollfaden, dem Strich des Horizonts haben sie nichts wirklich wahrgenommen. Zum ersten Mal sieht er die Stadt Oerlinghausen, über welcher er seit Tagen seine Kreise zieht. Wie langsam die Erde sich dreht.

Aber der Genuß ist gering. Noch ist der fliegende Mensch viel zu sehr mit der Handhabung der Maschine beschäftigt, als daß er des himmlischen Vergnügens teilhaftig würde. Das kommt später: die Suche nach der Thermik, der Höhengewinn, der Streckenflug oder vielleicht eine abendliche Landung irgendwo auf freiem Feld. Fünf Minuten später schwebt er über den Baumwipfeln, holt die Bremsklappen heraus und zieht den Knüppel an den Bauch: so wird der Vogel fachgerecht ausgehungert, bis ihm die Strömung ausgeht, bis er vorschriftsmäßig auf dem Hauptrad sitzt. Ein zweites und ein drittes Mal fliegt er allein – und nach der dritten glücklichen Landung bekommt er von allen den Hintern versohlt, eine schmerzhafte Prozedur, die ihm den Übermut des ersten Erfolgs austreiben soll. Er hat die A-Prüfung bestanden: Alleinflug, unterste Sprosse auf der Himmelsleiter des Fliegers. Der Lehrer heftet ihm nicht ohne eigenen Stolz die blaue Nadel mit der Schwinge an.

Im theoretischen Unterricht: Fliegen ist nicht gefährlich. Aber man muß die Tücken der Luft kennen, sie ist weniger langmütig als Wasser und Erde, sie verzeiht grobe Fehler nicht, sie läßt jeden fallen, der ihre Gesetze mißachtet.

Einmal hängen die Wolken so tief, daß man sie ankratzt, während man noch an der Winde hängt. Vor den Regenschauern flüchtet alles unter die Tragflächen. Wie ist denn dein Fluglehrer? Auch so grob? Nein, meiner ist lieb, er sagt immer, mach nur so weiter, dann kannst du bald mit den Engeln singen.

»Der Fluglehrer aber streicht sich die Haare, und siehe da, sie werden grau und fallen aus«, sagte der berühmte Fluglehrer Fritz Stamer von der Wasserkuppe, als einer seiner Schüler im Sturm aus dem Flugzeug geschleudert wurde und mit dem Fallschirm im Wald bei Wiesbaden landete. Das Flugzeug aber landete allein und blieb heil.

Mach dich an die dicke Schwarze ran!

In der Wolkenlandschaft

Wolken sind wunderbar. Ich habe nie verstanden, wie jemand von blauem Himmel schwärmen kann. Blauer Himmel ist fad. Als habe der liebe Gott den Vorhang aufgezogen und den Scheinwerfer eingestellt, das Bühnenbild aber vergessen. Wer sich einmal durch hochgetürmte, abgrundtiefe Wolkenlandschaften bewegt hat, sei es im Traum, sei es im Flugzeug – der weiß, wie großes Himmelstheater aussieht. Er schwebt in unwirklichen Welten, weiß wie aus der Waschmaschine, aus Schaum geboren oder aus Watte gebauscht. Aus prall gestopften Federbetten oder kunstvoll behauenen Eisbergen, aus Nebelstreifen oder Hirngespinsten, manchmal eine Prise Pech und Schwefel drin. Natürlich ist alles nur aus Wasser, und das ist das eigentlich Wunderbare an den Wolken.

Wir leben in einem reichlich bewölkten Land. Da betrachten die Leute atmosphärische Wunder eher mißtrauisch, den Regenschirm gespannt im Anschlag. Allenfalls Maler und Fotografen stehen der Bewölkung aufgeschlossen gegenüber; sie füllen damit die obere Hälfte ihrer Landschaftsbilder aus. Das innigste Verhältnis zu den Wolken aber haben die Segelflieger. Es handelt sich um ein Abhängigkeitsverhältnis. Frisch aufquellende Cumuli zeigen dem Flieger, wo er den unsichtbaren Lift nach oben findet: Thermik. Von der Thermik wird er physisch und bisweilen auch seelisch erhoben.

Eine gut gewachsene Cumuluswolke ist wie ein Magnet. Der

Segelflieger hängt an ihr, das kann man wörtlich nehmen. In ihrem Schatten, in ihrem Bann spürt er, wie sie ihn packt und an sich zieht, und wenn er nicht aufpaßt, saugt sie ihn sogar in sich hinein. Freilich ist die Anziehungskraft der Wolke nicht so verläßlich wie die Anziehungskraft der Erde. So kommt es, daß so viele Segelflüge auf der nächstbesten Wiese zu Ende sind. Rätselhaft und schön wie Quallen gleiten die Cumuluswolken am Himmel dahin, Lockvögel, Wegweiser, Hebewerke und Grenzfesten der unmotorisierten Luftfahrt.

Im Sommer gab es heiße Tage, da die Luft wie tot war, schlapp, bewegungslos, Tage ohne Wolken. Das beste Badewetter taugt nichts, wenn man im Luftmeer absäuft. Wir lagen mißmutig auf dem Flugplatz am Fuß des Teutoburger Waldes (ein Gebirge, nun ja, kaum höher als sein Fuß) – wir lagen nur so herum und kauten Grashalme und hatten das dumme Gefühl, dem Rindvieh immer ähnlicher zu werden. Die Sonne stach, gelegentlich auch eine Mücke. Das Fliegerleben kann sehr langweilig sein. Ich verrate damit ein streng gehütetes Geheimnis.

Um die Langeweile zu verkürzen, wollen wir Montag, Dienstag, Mittwoch überspringen und den Donnerstag beschreiben, an dem die Wende kam. Über Nacht hat sich kühlere Luft eingeschlichen und das eingeschlafene Hoch geweckt. Die Bäume regen sich. Wir regen uns. Es regen sich sogar die übriggebliebenen Grashalme, die wir noch nicht gekaut haben – sie biegen sich, als würden sie gestreichelt. Das ist die Bodenluft, erwärmt, erleichtert, die sich ablöst und aufsteigt. Gegen Mittag bekommt der Himmel weißliche Flecken, sie sind noch durchsichtig, schleierhaft: embryonale Cumuli. Man kann sie wachsen sehen. Sie wachsen in sechs- oder achthundert Meter Höhe, dort, wo die Feuchtigkeit kondensiert, weil es der aufstrebenden Luft zu kalt geworden ist. Bald steht der ganze Himmel in weißer Blüte.

So reifen Segelfliegers Blütenträume. Ich lege das Gurtzeug an und steige bei der kleinen Roten ein, obwohl sie eine Dirne ist wie alle Klubflugzeuge, heute dieser, morgen jener – aber jetzt ich. Die Ka 8 ist eine in die Jahre gekommene Einsitzige, in der Pilot, Fallschirm und Landkarte gerade eben Platz haben. Entfalten kann er die Karte nicht in der engen Kabine, aber das ist auch nicht nötig – sooo große Strecken überläßt er besser den schnellen Kunststofffliegern. Die Ka 8 stammt aus den alten Tagen, da der

Flugzeugbauer Rudolf Kaiser noch Holz, Stahlrohr und Leinwand verwendete; jetzt ist auch er zum Kunststoff übergelaufen. In seinen Holzflugzeugen haben ungezählte Flieger erfahren, worum es beim Fliegen geht: Glück, Angst und Staunen.

Die Ka 8 ist das Einstiegsmodell der Aufsteiger. Die Azubis, die Meister werden wollen, machen auf der kleinen Rumpelkiste ihre Gesellenprüfung. Übrigens will ich mit ihr nach Höxter fliegen, vom Teuto bis zur Weser, fünfzig Kilometer weit, zehn Zentimeter auf der Karte. Für die Lufthansa sind das knapp vier Minuten. Für einen Rekordsegelflieger zwanzig Minuten. Für den Lehrling vermutlich eine Ewigkeit, sofern er überhaupt das Ziel erreicht. Aber es kommt ja nicht darauf an, was einer leistet, es kommt darauf an, was es für ihn bedeutet. Der erste Überlandflug. Gesellenprüfung.

In fünfhundert Meter Höhe öffne ich die Kupplung, das Seil schwingt davon, die Schleppmaschine läßt sich in die Tiefe fallen, wie weggezoomt. Die Augen pendeln sich auf ein paar sehenswerte Dinge ein, Fahrtmesser, Variometer, Horizont. Fürs erste ist der Horizont nur eine geometrische Größe, ein Strich, der die Fluglage anzeigt. Es dauert immer eine Weile, bis der Flieger die sehenswerten Dinge unter dem Strich wahrnimmt – die Sennelandschaft, gesprenkelt von Wolkenschatten, den Bergrükken, die Stadt Bielefeld. Das Vario springt auf zwei Meter Steigen pro Sekunde, die Tragfläche sinkt schon fast aus Gewohnheit in eine Linkskurve (oder habe ich nachgeholfen?), wir fliegen im Kreis, um uns an der Thermik festzuhalten. Blick nach oben: keine Überraschung, da steht vorschriftsmäßig eine Wolke, sehr anziehend. Die Embryonen haben nur eine Stunde gebraucht, um erwachsen zu werden. Das Funkgerät knarrt und platzt mit der Frage heraus: »Wie ist denn die Basishöhe?« Da meldet sich einer, der noch am Boden liegt und sich zum Start erst bequemen will, wenn es die Mühe lohnt. Die Basishöhe werden wir gleich haben.

Es ist wahr, daß Cumuluswolken strahlend weiß sind und barocke Formen haben. Aber es ist nur die halbe Wahrheit. Der Segelflieger kommt von unten. Die Unterseite ist die Schattenseite. Aus der Segelfliegerperspektive erscheint die weißeste Wolke grau, anthrazit, schwarz. Je mächtiger, desto dunkler. Je dunkler, desto zugkräftiger. Die Königin der Wolken, die Cumulonimbuswolke – außen ganz Majestät, innen eine Furie –, sieht von unten wie die finsterste Hölle aus.

Neunhundert Meter. Der Flugplatz ist klein, die Wolke groß geworden. Sie scheint nun den größten Teil des Himmels einzunehmen, jedenfalls kann ich nicht mehr über ihren Rand hinausblikken. Die Thermik wird ruppig. Die Wolkenbasis, die von weitem einer scharf begrenzten Ebene gleicht, ist ein ungemütlicher Tummelplatz dunstiger, feuchter, nebliger, wabernder Luftmassen. Der Sommertag ist weit entrückt. Hier herrscht Gewitterstimmung, und die Füße werden kalt. So eine Wolke ist die einsamste Gegend der Welt. Es geht immer noch aufwärts. Als der Blick sich verschleiern will, ziehe ich die Sturzflugbremsen und tauche zurück in den Sommertag. Melde: »Basis bei neunhundertfünfzig.«

Überlandflug. Der Segelflieger zögert lange, sich loszureißen vom heimischen Flugplatz, den sicheren Port zu verlassen, die Brücken hinter sich abzubrechen und eine Außenlandung zu riskieren. Ich fliege anderthalb Stunden lang zwischen Stukenbrock, Lage und Bielefeld hin und her, immer den Platz im Augenwinkel. Die Steigwerte sind mäßig, doch ist es ermutigend, mit dem Kopf gelegentlich an die Wolken zu stoßen. Einmal muß ich mich aus vierhundertfünfzig Meter Höhe wieder hochrappeln, das ist weniger ermutigend.

Aufwind entsteht über Feldern und Wiesen, aber nicht über Wäldern und nicht über Seen; er quillt aus Dörfern und Städten, und manchmal genügt ein großer asphaltierter Parkplatz; er kommt von besonnten Berghängen, aus Steinbrüchen oder aus dem schieren Nichts. Auch über künstlich erzeugte Thermik läßt sich reden.

Qualmende Schornsteine sind nicht nur gute Navigationshilfen. Die nicht so puritanischen Piloten fliegen sogar den Wärmeüberschuß der Fabriken und Kraftwerke aus, die Industriethermik. Es ist kein Märchen, wenn ein Segelflieger behauptet, er sei ein Stück Wegs mit Kernenergie geflogen. Und auch dies ist keine Anekdote: Karl Striedieck, der Rekordjäger, war eines Tages jämmerlich am Absaufen und steuerte schließlich ein Stahlwerk bei Pittsburgh an. Er wußte, da ist immer Steigen. Er mußte notlanden, schmiß seinen Vogel schlecht und recht in den Fabrikhof. Sorry, sagte ein Wachmann, heute ist gerade Streik.

Im Westen hängen fünf Flugzeuge übereinander in einem langsamen Rondo, beim Thermiktanz, Himmelsballett. Ich gleite hinüber und komme mit 700 Meter im Mittelfeld an. Sofort wieder Steigen.

Es gibt verschiedene Möglichkeiten, die Thermik aufzuspüren, lehren die Profis. Die leichteste: dorthin fliegen, wo schon andere Segler kreisen. Das ist wie Abschreiben in der Schule.

Drüben kreist die Delta-eins-fünf mit Fabian, auch ein Kandidat für Höxter. Hildegard ist schon wieder unten. Jens greift zum Mikrophon und gibt seine Flughöhe bekannt: eintausend. Die Basis hebt sich also. Ich frage: »Wo denn?« Er sagt: »Nach Schloß Holte hin. Da wimmelt es von Kumulanten. Mach dich an die dicke Schwarze ran. Südwestlich vom Platz.«

Ich mach' mich an die dicke Schwarze ran, sie zieht mich auf eintausend. Nun gib dir endlich einen Ruck, Flieger! Abschied vom Sicherheitsbereich, hinaus in die Ferne. Richtung Detmold stehen die Wolken Schlange. Detmold liegt nicht ganz auf Kurs, doch wer keinen Motor hat, tut gut daran, nicht dem Strich in der Karte, sondern dem strahlend weißen Wink des Schicksals zu folgen. Segelflieger navigieren mehr meteorologisch als terrestrisch. Besser auf Umwegen nach Höxter als direkt auf den Acker. Schon schiebt sich Detmold unter die linke Fläche. Rechts unten steht ein Männlein im Walde und reckt den Arm – wenn es kein Anhalter ist, so muß es Hermann der Cherusker sein. So klein, so klein!

Eine lautlose Reise, sieht man vom Pfeifen des Windes ab, vom Ticken des Barographen, vom Knarren der Ruderseile. Der Wolkenwanderer freut sich des warmen Sonnenscheins. Dabei wird ihm bewußt, daß er auf einmal in wolkenlosem Himmel segelt und fortwährend Höhe verliert. Hilfesuchend sieht er sich um. Er gleitet aus dem blauen Loch hinaus nach Süden und findet zum Glück wieder Wolkenanschluß. Kreisen, kreisen, Höhe tanken. Mit neunzig Sachen fege ich über Bad Meinberg und sehe voraus den Norder-Teich glänzen, an dem ich nie war, an dem ich wahrscheinlich auch nie sein werde. Der Name steht in der Generalkarte. Ein unvergeßlicher Navigationspunkt. Die Hälfte ist geschafft. Der Teutoburger Wald hat sich nach Süden abgesetzt.

Der Wind schiebt das Flugzeug vom Kurs weg. Aber Navigation ist die Kunst, trotzdem in Höxter herauszukommen. Nehmen wir noch ein paar Wolken am Wege mit. Zwölfhundert Meter.

Sorglos über Steinheim (das am Bogen seiner Umgehungsstraße leicht zu erkennen ist – kein Zweifel, ich habe den Bogen raus). Und plötzlich geht gar nichts mehr. Die Wolken sind spärlich verteilt und geben sich unnahbar. Achthundert Meter, nirgends ist Halt, sechshundert, wachsende Unruhe, fünfhundert, Panik. Das Vario zeigt unentschlossen mal aufwärts, mal abwärts, aber doch mehr abwärts als aufwärts. Zeit zu fluchen. Zeit zu landen. Ein Stoppelacker bietet sich an, daneben steht ein Bauernhof, da werde ich telefonieren können: »Delta-zwo-sieben außengelandet bei . . .« Ja, wo denn? Es könnte Papenhöfen oder Großen-Breden, wenn nicht Kleinen-Breden sein. Die Landung muß berechnet werden, als sei der Acker ein Flugplatz: Gegenanflug, Queranflug, Endanflug . . .

Immer, wenn du denkst, es geht nicht mehr, kommt von irgendwo ein Aufwind her. Alte Fliegerweisheit. Zwölf Minuten später hänge ich wieder an einer Wolke, tausend Meter hoch, und richte die Flugzeugnase zielstrebig auf die Stadt Höxter, die sich schon deutlich aus dem Weserbergland schält. Da schlängelt sich der Fluß, ein Rinnsal. Höxter liegt offenbar am falschen Ufer – ach so, es ist Holzminden. Kurskorrektur. Dann die Entdeckung des Landeplatzes. Ich brauche keinem Segelflieger zu erzählen, daß dies der schönste Augenblick des Lebens ist – jedenfalls für die nächsten Tage. Die Ka 8 muß sich in einen rapiden Sinkflug zwingen lassen, sie will immer noch steigen, wir verschleudern die Höhe in einem steilen Anflug mit vollen Klappen, dann liegen wir im fremden Gras. Ende einer kleinen Deutschland-Reise. Sie hat achtzig Minuten gedauert. Von irgendwo kommt auch die Delta-eins-fünf geflogen. Hallo, Fabian! Wir klopfen einander auf die Schulter, als hätten wir den Nordpol oder die Sahara bezwungen.

Die anderen Flieger sind wer weiß wohin geflogen. Einer soll bei Großen-Breden liegen, wenn es nicht Kleinen-Breden ist; er wartet auf die Rückholmannschaft, die das Flugzeug zerlegt, auflädt und nach Hause bringt. Er hat sich zu spät auf den Weg gemacht. Cumuluswolken sind kurzlebiger als Eintagsfliegen. Donnerstag nachmittag um fünf ist alles vorbei. Von einer sterbenden Cumuluswolke hat der Segelflieger nichts mehr zu erwarten. Sie schmilzt dahin, die Erde hat ihn wieder.

Der Mensch als Vogel verkleidet

Die Leistungsflieger

Der Mensch macht keine gute Figur im Windkanal. Selbst wenn er die Ohren anlegt, taugt er nicht für hohe Geschwindigkeiten: ein Landsäugetier mit miserablem Luftwiderstandsbeiwert. Und so was fliegt? In eine schmale Kabine gezwängt, mehr liegend als sitzend, hingestreckt von seinem Ehrgeiz, vogelgleich zu sein, nimmt er Stromlinienform an – und spürt, wie ihm Flügel aus den Schultern wachsen, Fittiche zu großen Taten. Der weiße Vogel aus Kunststoff ist der vollkommene Ausdruck menschlicher Verwandlungskunst.

Auch als Vogel verkleidet, bleibt der Mensch natürlich Mensch: ein Streber, der nicht ruht, bis er der erste unter den Vögeln ist. Philipp Wills, ein fliegender Romantiker, erzählte noch ergriffen: »Während ich über dem Bergkamm segelte, gesellte sich ein Adler mit orange-schwarzem Gefieder zu mir, setzte sich kurz entschlossen neben meine Flügelspitze und kurbelte etwa eine Viertelstunde lang mit mir herum.« Lehrer und Schüler: Für den einen ist es eine instinktive Übung, für den andern das triumphale Ergebnis jahrelanger Kopfarbeit. Der Mensch hat alle Vögel überflügelt. Er hält den Strecken-, Höhen- und Geschwindigkeitsrekord. Jetzt kann er nur noch sich selbst schlagen.

Karl Striedieck ist ein Amerikaner von weit entfernter Deutschstämmigkeit. Ein Wunderkind unter den Segelfliegern. Er hat hinter seinem Haus eine Menge Bäume gefällt, das Gelände planiert und sich ein höchst privates Flugfeld hergerichtet: Bald Eagle Mountain, Pennsylvania.

Die Striedieck-Story beginnt 1966: »Da legte ich mir eine Frau, ein Segelflugzeug und ein Farmhaus in den Bergen zu.« Er lebt und er fliegt in den Appalachen. Leben und Fliegen bedeuten ja ungefähr dasselbe. Am Morgen des 9. Mai 1977 wird Striedieck vom Lärm der aufeinanderschlagenden Zweige draußen geweckt. Er schaut auf die Uhr, halb vier, greift nach Pantoffeln und Morgenrock und läuft ins Freie. Ein scharfer Nordwest peitscht die Bäume, alles ist in heftiger Bewegung.

Die Wolken haben es eilig, nur der Mond hängt wie festgenagelt über dem Farmhaus. Striedieck steht im Mondlicht und wittert. Das kann ein Tausend-Meilen-Tag werden.

Warum fliegt der Mensch? Wer sich die Mühe macht, hundert Fliegerbücher aufzuschlagen, wird hundertmal den gleichen Satz lesen: Die Flugsehnsucht des Menschen ist uralt. Und doch weiß nicht einmal Karl Striedieck so genau, warum er an diesem Montagmorgen wie elektrisiert ins Haus zurückkehrt, seine Frau Suzanne weckt und per Telefon ein paar Freunde aus dem Bett holt, seine Zeugen.

Ein Tausend-Meilen-Tag. Ein eiliges Frühstück. Dann zieht Striedieck mit seiner Frau die ASW 17 heraus, den Riesenvogel, der gleich im Sonnenlicht weiß aufleuchten wird, aber jetzt in der Dämmerung noch leichenblaß ist, schwer, starr und tot. Karl Striedieck legt sich in die Kabine und bettet sich sorgsam, denn es wird ein langer Tag. Suzanne hakt das Schleppseil ein, er schließt die Haube. Hals- und Beinbruch. Sie steigt in den Jeep und zieht ihren Karl wie einen Drachen hinauf in den unruhigen Morgenwind des Bald Eagle Mountain.

Kaum hat er ausgeklinkt, schwenkt er hinüber zum Bergkamm, in die schmale turbulente Zone hochgewirbelter Luft, die ihn über das Gebirge hebt. Ein Mann auf Weltrekordjagd. Er wird mit seinem Segelflugzeug die Appalachen abreiten, bis tief ins Gebiet von Tennessee, und abends wieder zu Hause sein. Dies ist seine Rennstrecke. Viermal hat er hier einen Weltrekord im Zielrückkehrflug aufgestellt, viermal wurde ihm der Rekord wieder abgejagt. Dann, 1976, schaffte er tausend Meilen: die Traumgrenze. Das war so gut wie ein Hundertmeterlauf in 9,5 Sekunden.

Striedieck flog die längste Strecke, die je ein Mensch im Segelflugzeug zurückgelegt hatte, fünfhundert Meilen nach Süden, wo er auf der Hinterhand kehrtmachte, dann fünfhundert Meilen zurück – und als er total erschöpft am Ziel seiner Wünsche war, stellte sich heraus, daß der Fotoapparat am Wendepunkt versagt hatte. Er konnte sich seine »1000 Miles« an den Hut stecken, anerkannt wurden sie nicht. Ein Typ wie Striedieck, hartgeschnitzt, erholt sich schnell von einem Wutanfall.

Heute ist wieder ein Tausend-Meilen-Tag.

Die Air National Guard hat den Jet-Piloten Striedieck auf Tiefflug getrimmt – weiß Gott, das kann er. Das übrige haben ihm die Adler beigebracht, die er seit Jahren beobachtet. Seine weiße Maschine fegt dicht über den Bergkamm.

Warum steigt er nicht höher? Oben ist die Strömung ruhiger,

der Flug sicherer, die Aussicht schöner. Aber Striedieck ist auf Tempo aus, nicht auf Höhe, und drückt die ASW 17 bis hart an die Baumwipfel. Jeden Meter Steigen setzt er in Fahrt um, 200 Kilometer pro Stunde, 230, 250. Schräg gegen den Wind, der ihn von unten anfällt, stürzt er sich immerzu hinab und hinab – rennt gegen eine aufwärts rasende Rolltreppe an. *Ridge running* ist die ungemütlichste und vollendetste Form des Hangwindfliegens, das einst in der Rhön so zaghaft begann. In starker Turbulenz schlagen die Flügel zwei Meter weit aus.

Wenn Striedieck nach unten blickt, nimmt er flüchtig wahr, daß die Blätter der Bäume ihre Unterseite zuoberst gekehrt haben: das zeigt ihm die Windstärke an, mindestens 20 Knoten. Um 9.15 Uhr erreicht er Falling Spring, kurz nach zehn ist er über Lebanon, um 12.30 Uhr umkreist er gewissenhaft die Eisenbahnbrücke von Oak Ridge, Tennessee, um die Luftbilder zu machen, die beweisen, was sonst niemand sah.

Ein Tausend-Meilen-Tag im Leben des Karl Striedieck. Der Flug dauert länger als vierzehn Stunden. Auf dem Flugplatz steht am Ende abgekämpft ein Mann, dem die Beine zittern. Der Sieger. Er hat sich den Weltrekord zurückgeholt, denn er ist einer von denen, die ihre Sehnsüchte nicht herunterschlucken.

Aber was treibt den Flieger an, sich stundenlang mit dem Wind herumzuschlagen und am Ende aufatmend in einer lehmigen Akkerscholle steckenzubleiben, als sei dies die Endstation Sehnsucht? Ich erinnere mich eines Fliegers, der sich acht Stunden durch die Alpen gequält hatte. Nach der Landung blieb er lange reglos und geistesabwesend in seinem Flugzeug sitzen, ein auf die Erde gefallener Engel, der noch nicht wußte, was er am Boden eigentlich sollte.

Segelfliegen ist eine Summe abrupter Szenenwechsel. Das Herdenleben auf dem Flugplatz und die Einsamkeit des Himmels. Die Luft kann weich und zärtlich sein und plötzlich zum Faustschlag ausholen. Der Flieger wird von Böen geprügelt, von Fallwinden auf den Acker gezwungen, von der Notwendigkeit des Telefonierens und Transportierens überrascht. Ein Kampf mit den Naturkräften, sagen die Flieger, aber sie meinen immer wieder: den Sieg über sich selbst.

Die erste Herausforderung war die Zeit. Die Flieger wollten so lange wie möglich in der Luft bleiben. Der Wettstreit ging ins

Uferlose. Am Ende bewies er nur noch das Durchhaltevermögen des Piloten und die Stetigkeit des Hangwinds. Der Weltrekord steht auf 56 Stunden und 15 Minuten – und da bleibt er auch stehen. Er wird, weil als sinnlos betrachtet, von der *Fédération Aéronautique Internationale* (FAI) in Paris nicht mehr geführt.

Die zweite Herausforderung war die Höhe. Die Sucht des Meterfressens hat viele Flieger zu Selbstmordkandidaten gemacht. 1938, bei der »Gewitterrhön«, stürzten sich die Wettbewerbsteilnehmer haufenweise in die heraufziehende Front und erreichten phantastische Höhen: 3000, 5000 Meter, einer kam sogar auf 7000. Sechs Flieger mußten aussteigen, weil die Gewalt der Luftströme ihre Flugzeuge zerrissen hatte, sie landeten am Fallschirm, unter Schock, mit Erfrierungen, vom Hagelschlag verletzt. Einer war tot und schrecklich entstellt. 1951 ließ sich ein schwedischer Pilot von der hohen Welle in die Stratosphäre tragen. Sein Sauerstoffgerät fiel aus. Drei Tage später fand man die Flugzeugtrümmer und den Toten. Vermutete Höhe: 16800 Meter.

Die dritte Herausforderung war die Strecke. Wer da heute noch mitreden will, muß mindestens 300 Kilometer im Schlaf fliegen können. Striedieck und Grosse haben die Maßstäbe gesetzt. Segelflieger brauchen Glück, aber was sie vor allem brauchen, ist die richtige Großwetterlage.

Es gibt keine Wunder unter dem Himmel, alles ist Physik. Am Abend des 25. April 1972 landete auf dem Flugplatz von Biarritz ein Segelflugzeug, dem ein erschöpfter, nicht mehr jugendlicher Herr mit Halbglatze entstieg. Im Tower war schon Funkstille, die Flugleiter wollten gerade gehen. Der erschöpfte Herr kam mit schweren Beinen über den Platz gestapft und sagte nur: Bon soir, ich komme aus Lübeck. Biarritz liegt im äußersten Südwesten von Frankreich, Lübeck im äußersten Nordosten der Bundesrepublik Deutschland. In gerader Luftlinie sind beide Städte 1460 Kilometer voneinander entfernt. Der Weltrekordflug von Hans Werner Grosse ist eine Spitzenleistung, die auch ein fortgeschrittener Segelflieger nicht so leicht begreifen kann: Ohne Antriebskraft quer durch Europa fliegen, was für ein Traum!

Freie Strecke: Da weiß man morgens nicht, wo man abends landen wird. Es sind nicht nur die Aufregungen der Luft, die zählen. In der Dämmerung landet der müde Flieger auf einer Wiese, irgendwo, wird wie ein Wundertier bestaunt, bitte, wo ist das nächste Telefon? Manchmal verbringt der verirrte Ikarus eine Nacht bei den Kühen, unter der Tragfläche, und wartet frierend auf den Lichtkegel, der das Auto der Rückholmannschaft ankündigt. Besteht die Rückholmannschaft nur aus einer Person, so kann man sicher sein: Es ist seine Frau.

Die vierte Herausforderung ist die Geschwindigkeit. Das Dreieck wird zur beherrschenden Denkfigur. Drei Schenkel, zwei Wendepunkte, Landung am Startplatz. 100, 300, 500, 1000 Kilometer. Die Dreiecke werden immer größer, die Zeiten immer kürzer. War die freie Strecke das Revier der Romantiker, so ist das Dreieck die Domäne der Rechenkünstler, die ohne Sollfahrtgeber, Endanflugrechner, Taschencomputer gar nicht erst starten. Hochleistungssport der Ingenieure. Die Frage, ob sie 500 Kilometer schaffen, stellt sich nicht mehr; die Frage heißt: in welcher Zeit? Die Formeln dringen vor, die Gefühle ziehen sich zurück.

Als Gott den Menschen erschuf, hat er an das Fliegen nicht gedacht, schon gar nicht an Tausend-Kilometer-Dreiecke. Ein anständiger Rekordflug dauert so lange wie ein Sonnentag. Da stellt jeder vierzehnjährige Flugschüler die nächstliegende Frage: Ja, müssen die denn nicht mal unterwegs? Das ist ein gravierendes Problem des Leistungssegelflugs. Also, Hans Werner Grosse, der auf Weltrekorde abonniert ist wie andere auf die Zeitung, benutzt Plastikbeutel. Jochen von Kalckreuth hat eine Fliegerkombination mit eingebauter Toilette erfunden. In einem Gespräch über die allerletzten Dinge des Lebens bekannte Hanna Reitsch, sie habe keine Probleme. Disziplin und Training seien alles. Aber den meisten Fliegerinnen ist tatsächlich nur mit Windeln zu helfen.

Wer den ganz großen Flug machen will, läßt sich auf einen Wettlauf mit der Sonne ein – und wird gegen Abend regelmäßig abgehängt. Die Tage werden nicht länger, aber die Sprünge der Piloten von Jahr zu Jahr größer.

Es ist der Leistungssprung der Flugzeugbauer. Holz stirbt aus in der Luft. Um 1960 begann der Siegeszug der GFK-Maschinen. Ihr Material ist Kunststoff, in Mulden geformt, mit Glasfasern verstärkt, gehärtet und am Ende mit äußerster Sorgfalt glattgeschliffen. Seit die Segelflugzeuge nicht mehr in filigraner Holzarbeit aufgebaut, sondern wie Kuchen gebacken werden, erreichen sie eine aerodynamische Vollkommenheit, mit der selbst die »Concorde« nicht konkurrieren kann.

Langsamflug ist nur noch gefragt, wenn das Wetter sich lumpen läßt. Sonst gilt: immer schneller. Delphin-Stil. Um Flächenbelastung und Geschwindigkeit zu erhöhen, tanken die Leistungsflieger vor dem Start Wasserballast, zwei Zentner, was einem Laien nie und nimmer einleuchten wird – glaubt er doch, das leichteste Segelflugzeug sei das beste. Nein, es ist nur das langsamste. Unter Fliegerkameraden wird um Sekunden gestritten. Ihre weißen Schiffe jagen wie Jets durch die Luft. Laminarprofile, extrem saubere Oberflächen ohne Ritzen und Spalten, haben die Flugzeuge so schnell gemacht, daß sie kaum noch zu bremsen sind. Und so brauchen sie wie Jets auch technische Hilfsmittel für Langsamflug und Landung: Wölbklappen, variable Flügelgeometrie, Bremsfallschirm.

Flugzeuge wie fliegende Fische. Gerhard Waibel, einer der erfolgreichsten Konstrukteure und Flieger, brachte mir in einem aero-hydrodynamischen Schnellkurs bei, daß seine Flugzeugrümpfe zwischen Makrele und Thunfisch einzustufen sind, jedoch vom Hai übertroffen werden. Die Qualität der deutschen Segelflugzeuge erklärte er nüchtern: Wir haben meistens so schlechtes Wetter, daß wir gezwungen sind, mit allen Mitteln möglichst viel herauszuholen. Deutscher Segelflugzeugbau: Erfolg einer permanenten Energiekrise.

Bedenkt man den Fortschritt der letzten zehn Jahre, so zeigt sich, »daß wir die gleichen Wetterlagen heute viel schneller durchfliegen können als damals« (Waibel). Weiter nichts?

Am Ende aller Entwicklungen steht immer nur die Verfeinerung und schließlich die Perversion. Auch das ist ein Thema unter Fliegern. »Was erzählen wir denn leuchtenden Auges unseren Mitmenschen über die begeisternden Aspekte des Segelflugs ... Laßt uns bloß geheimhalten, daß dieser schöne Sport zu entarten droht.« Hans Werner Grosse, selber einer, der es auf die Spitze treibt, spricht von der Wettbewerbsfliegerei, von Ausscheidungen, Meisterschaften. In großen Pulks, unter Leistungsdruck und Kollisionsgefahr, sich gegenseitig überwachend und behindernd, gehen die Piloten auf Dreieckskurs, und manchmal kommt die ganze Meute geschlossen ins Ziel. Blüht dem Segelflug die gleiche Entartung wie dem Skiabfahrtslauf, dem Bobsport, dem Schwimmen: daß am Ende nur noch der Computer den Sieger ermitteln kann?

Es ist nicht nur Sport und nicht nur Spiel. Wenn die Neugierde nur groß genug ist, schlägt sie in Forschung um.

Segelfliegen: angewandte Meteorologie. Die Wetterkarte liegt da wie ein offenes Buch – die meisten Leute lesen immer nur das Vorwort: ob es morgen wieder Regen gibt? Das Glück des Fliegers ist berechenbar, es beruht auf Datenverarbeitung: Auslösetemperatur, Kondensationsniveau, Konvektion, Inversion, Trokkenadiabate.

Wie die Segelflieger von den Meteorologen profitieren, so profitieren die Meteorologen von den Segelfliegern: eine Symbiose seit der Rhönzeit, da der Professor Georgii noch Herrscher der Winde war. Segelflieger haben die Böenwalzen vor dem Gewitter abgeritten, sie haben sich in die turbulenten Aufwindschächte der Cumulonimbuswolke gestürzt, sie haben die Rotoren im Lee hoher Gebirge erkundet. Sie brachten Nachrichten von allen Wetterfronten und belebten die Theorie mit Praxis. »Mein Gott!« schrieb Hanna Reitsch nach ihrem ersten Gewitterflug. »Niemals habe ich geahnt, in welche Not ein Mensch kommen kann.«

Bericht eines Segelfliegers, der am 2. August 1967 von einer Gewitterwolke verschluckt wurde: »In 6000 m Höhe nahm die Wucht und Größe der Hagelkörner beängstigende Ausmaße an. Die Maschine dürfte nur deshalb nicht schwer beschädigt worden sein, weil die Vereisung einen dicken Schutzpanzer bildete. Die Eisdecke betrug an der Flügelnase mehr als 12 cm, stark zerklüftetes, zerfurchtes Eis ... Alle Metallteile elektrisierten bei jeder Berührung, auch Steuerknüppel, Instrumentenbrett, Geräte usw. Ich erhielt einen furchtbaren Schlag. Ein blendender Blitzschlag zuckte durch das Flugzeug.« In der Bundesrepublik sind Gewitterflüge verboten. Weniger Abenteuer, höhere Lebenserwartung: der soziale Lauf der Welt.

Wo die Erfahrungen des Segelfliegers und des Meteorologen zusammenkommen, verrät sich ein verblüffender Kenntnisstand. Der Meteorologe Manfred Kreipl schreibt: »Eine erste Welle steht zumeist südlich von Neustadt genau über der B 38, die überwiegend Aufwinde von bis zu 2 m/s bringt. Eine zweite Welle mit noch besserem Steigen wird über Mußbach und Haßloch angetroffen.« Blickt man in den Himmel, so sieht man nichts von alledem: nur ein paar Segelflieger, die sich aus unerfindlichen Gründen über der B 38 tummeln.

Die Wasserkuppe ist an den Rand der Ereignisse gerückt. Der Berg der Flieger, touristisch erschlossen, militärisch genutzt, schwach vom Rhöngeist umnebelt. Es wird weitergeflogen. Im Museum liegt das Strohhütchen des Rhönvaters Ursinus.

Wie die Heidi Weltmeisterin wurde

Über Hängegleiter

Wie die Heidi so plötzlich Weltmeisterin im Drachenfliegen geworden ist? Ja, darüber wissen wir genau Bescheid, hat uns doch die Heidi selber am Abend vorher alles erzählt, nämlich, wie sie's macht, daß sie Weltmeisterin wird, und so hat sie's dann auch gemacht, und so ist sie's dann auch geworden. Wenn die Heidi noch nicht so berühmt wie andere Weltmeister ist, so liegt es nur daran, daß der Weltmeistertitel im Drachenfliegen in keiner amtlichen Liste geführt wird und daß sich bisher nur die Heidi darum beworben hat. Aber wer wird eine Weltmeisterin mit so bürokratischen Maßstäbchen messen!

Die Heidi kommt aus Ottobrunn bei München, sie ist Sekretärin, 26 Jahre alt, sehr hübsch, sehr blond, sehr mutig, sie ist auch verheiratet, aber nicht sehr. Am Unterberg bei Kössen in Tirol, wo sie Skifahren gelernt hat, kam sie bald hinter ein Geheimnis, das alle Wintersportler gern für sich behalten: daß Skifahren gar nicht immer so spannend ist, wie die Skifahrer tun. Wer die teure Ausrüstung erst einmal hat, darf das ja nicht offen zugeben. Die Heidi jedenfalls interessierte sich nach einiger Zeit weniger für die Bretter als für den Skilehrer Sepp Himberger, der auf den Brettern stand, das heißt, genaugenommen interessierte sie sich für etwas, was der Sepp tat, obwohl er auf den Brettern stand. Es war das Neueste und Aufregendste im Alpenland. Der Sepp hängte sich an einen großen bunten Drachen und schwebte von den Bergeshöhen hinab ins Tal. Hui, sagte sich die mutige Heidi, das probierst du auch mal.

Der Sepp und der Sigi und der Albin und der Rudi und noch ein paar junge Männer haben am 12. Januar 1974 in Kössen den 1. Österreichischen Kiting-Club gegründet, der von der Bezirkshauptmannschaft anstandslos genehmigt wurde. Über die schnelle amtliche Zustimmung wunderten sich sogar die Drachenflieger; denn der neue Flugspaß, den man wie andere spaßige Sachen aus Amerika importiert hat, ist in Europa ziemlich umstritten. Sind die Flugdrachen harmlose Sportgeräte oder gefährliche Luftfahrzeuge? Da sie nicht zugelassen sind, sind sie eigentlich verboten, da sie aber nicht ausdrücklich verboten sind, kann man andererseits nicht behaupten, sie seien nicht zulässig. Dies ist der vorläufige Standpunkt der Luftfahrtbehörden.

Der Skilehrer Sepp Himberger, von seinem Klub zum Ausbildungsleiter ernannt, nahm die Heidi unter seine Fittiche und machte eine Drachenfliegerin aus ihr. Dazu brauchte der Sepp nicht länger als drei Tage. Anfang März startete das Mädchen zum ersten Luftsprung, etwa hundert Meter weit, und schließlich faltete sie ihren Drachen zusammen und liftete ihn aufs Unterberghorn. Mit Sturzhelm, Funkgerät und allen guten Wünschen versehen, rutschte die Heidi auf den Abgrund zu, erhob sich in die Luft und erreichte sechs Minuten später sicher den Boden. Ich war ganz ruhig, sagte sie, ich kann das, ich war auch im Schützenverein. Da freuten sich alle und sagten: Aus dir machen wir was. Aber was kann man aus der Heidi schon machen?

Zu der Zeit geschah es, daß am Unterberghorn ein neuer Sessellift in Betrieb genommen wurde, und die Vorstandsmitglieder des Kiting-Clubs (der Sigi, der Albin und der Rudi) setzten sich zusammen und beschlossen: In Anbetracht der zu erwartenden Prominenz und Presse wollen wir die Heidi zur Weltmeisterin im Drachenfliegen schlagen, wenn sie sich nur ein zweites Mal vom hohen Felsen herabstürzt. Hat das je eine Frau vor ihr getan? Nein, also soll die erste beste die beste sein. Ein silbern glänzender Pokal wurde in Auftrag gegeben. Auch lud man ein Dutzend männliche Drachenbändiger aus nah und fern zum Schaufliegen ein, auf daß der neue Sport und auch die Heidi ein bißchen Auftrieb erhielten. Zwar landete die Heidi um ein Haar in der Telefonleitung, aber sie kam doch ungebrochen an, die Weltmeisterin.

Die Drachenflieger kehren mit einem genialen, überaus simplen Gerät dahin zurück, wo Lilienthal angefangen hat. Es ist ein deltaförmiges Segel, halb Tragfläche, halb Fallschirm; knapp zwanzig Quadratmeter Kunststoff, über ein Gerüst von Leichtmetallrohren gespannt, zwanzig Kilogramm schwer. Der amerikanische Aerodynamiker Rogallo hat sich die flugstabile Dreiecksform ursprünglich für Gleitflüge von Raumkapseln ausgedacht. Der Herr Huber in München, der die Drachen für zweitausend bis dreitausend Mark baut, hat sich natürlich auch etwas dabei gedacht: daß in den Alpen bald immer mehr Skifahrer auf den Geschmack kommen. Denn Hubers Drachen sind die schönste Après-Ski-Mode, die es je gegeben hat.

Man startet auf Skiern bergab. Nach ein paar Meter Rutschstrecke erhebt sich der schwere Drachen, den man vorher tragen muß, und zieht den Skifahrer mit sich. Der Pilot ist an Fallschirmgurten im Schwerpunkt des Dreiecks aufgehängt. Vor sich hat er ein trapezförmiges Gestänge, das starr mit dem Drachengerüst verbunden ist: die Steuerung. Damit kann er den Anstellwinkel regulieren und sich sogar in recht steile Kurven legen. Der Amerikaner Mike Harker, der sich rühmt, den neuen Sport in Europa bekannt gemacht zu haben, zeigte in Kössen, wie virtuos er seinen Drachen beherrscht. Mit baumelnden Skiern glitt er aus der blauen Höhe herab, drehte mühelos Kreise über dem Zielfeld, schwebte mit fünfzig, sechzig Sachen bis nah an den Boden heran und landete nach Art der Vögel: indem er die tragende Fläche steiler und steiler anstellte, bis er, fast im Stillstand, aufsetzte.

Von der Heidi haben wir später nie wieder was gehört. Aber was hören wir von den Drachenfliegern? Daß sie die Skier abgeworfen und sich füßisch ungehemmt entfaltet haben.

Achtzig Jahre nach Lilienthal kosten junge Leute in aller Welt das halsbrecherische Vergnügen aus, von Bergen, Dünen und Klippen in die Tiefe zu springen. Sie schweben zu Tausenden herab wie große bunte Fledermäuse, die der Wind aus einer anderen Welt herbeigeweht hat. Sie kehren im Zeitalter der perfekten Großluftfahrt zu den kleinen Anfängen zurück: an die steilen Hänge, wo das Fliegen besonders schön und gefährlich ist.

Alles kann der Musterknabe der Schöpfung: laufen, hüpfen, schwimmen und auch kriechen – aber es hat ihn doch immer gewurmt, daß er nicht fliegen kann wie ein Vogel. Der blanke Neid ließ ihm Flügel wachsen. Wer heute in einen Jumbo steigt, sieht sogleich, daß der Mensch bei der Nachahmung des Vogelflugs irgend etwas falsch gemacht haben muß. So lernt er denn noch einmal fliegen, noch einmal mit Gefühl.

»Die Drachenfliegerei breitet sich schneller aus als ein Buschfeuer«, schreibt der Amerikaner Dan Poynter, dessen »Basic

Handbook of Skysurfing« im Aufwind der neuen Bewegung zu einem Bestseller geworden ist. Tatsächlich: schon steigt mit sämtlichen Ellbogen die Freizeitindustrie ein, schon lädt ein österreichischer Pfarrer zur »Messe mit Drachenweihe« ein, schon werden Dauerflugrekorde von vielen Stunden aus Hawaii gemeldet, der Delta-Club Hohentwiel rühmt sich seiner zwischenmenschlichen Erfolge: »Das gesellschaftliche Klubleben wird jeden Mittwochabend im Vereinsheim gepflegt.« Ehe noch die Behörden recht dazu gekommen sind, das Netz der Sicherheit enger zu knüpfen, fallen ganze Nationalmannschaften durch die weiten Maschen und fliegen nach Kössen, wo nun die erste offizielle Weltmeisterschaft im Hängegleiten veranstaltet wird.

In Kössen haben sie ebenso viele Fremdenbetten wie Einwohner, im Winter eine tragfähige Schneedecke und im Sommer eine tragfähige Bergluft. Die Fahnen hängen überall heraus, der Pfarrsaal ist die Organisationszentrale, und der Fremdenverkehrsverein muß sich der höchst angenehmen Aufgabe unterziehen, nicht weniger als tausend Gäste unterzubringen. Auch gibt der Landeshauptmann sich die Ehre.

»Das Fliegen ist der schönste Sport, den ich kenne ...«, hat Lilienthal gesagt. »Aber stellen Sie sich vor, ich wollte einen solchen Verein junger Leute gründen, und es gelänge mir wirklich, eine Anzahl zusammenzutrommeln! Was, denken Sie, würde geschehen, wenn einer der jungen Leute dabei verunglückte! Die ganze Verantwortung würde mir in die Schuhe geschoben, und es gäbe einen ungeheueren Skandal.« Nicht nur Ikarus mußte Federn lassen. Im August 1896 brach Lilienthal sich das Rückgrat. Absturz, Knochenbruch und Tod riskieren auch die Drachenflieger. Schreckt es sie nicht? In einem Bericht über den »Erstflug vom Ortler« ist zu lesen: »Die Wand bricht 300 Meter senkrecht ab – eine verlockende Möglichkeit. Peter jedenfalls ist so fluggeil, daß er aufbaut. Ein paarmal tief durchgeatmet, zwei Schritte Anlauf, und schon trägt ihn der Aufwind.« Und über Karl: »Er vernichtet in artistischen Spiralen seine Höhe, kurvt über und unter den Telefondrähten durch und hungert sich mit Rückenwind gerade noch über einen Fischteich. Leider steht zuletzt doch noch ein Lichtmast im Weg. Als wir hinlaufen, wickelt sich Karl aus dem zerrissenen Segel ...« So jung sind sie, die Drachenflieger, so leichtsinnig, so unerfahren, so besessen.

WM in Kössen: auf dem Unterberghorn, sechshundert Meter hoch über dem Tal der Ache, ist das Lager der Fledermäuse, die sich auf den großen Sprung vorbereiten. Der Lift hat die zusammengefalteten Flugapparate nach oben gebracht, nun spreizen sie ihre Flügel. Die Gesichter sind angestrengt und wichtig. Der Windsack gibt Zeichen, die Kunststoffhäute blubbern im Wind. Miserables Wetter am Anfang: Wolken treiben durchs Tal und machen abwechselnd Startplatz oder Landeplatz unsichtbar. Zehn Schritte sind es bis zum Abgrund. Der Flieger nimmt sein Flugzeug auf die Schulter, pumpt Luft in die Lunge und rennt los. Nach fünf Schritten hebt ihn das Segel und trägt ihn über den Grat hinaus. Kaum ist er in der Luft, jauchzt er auf, jodelt oder brüllt oder schreit sich irgendeinen Scherz von den Lippen – man weiß nicht recht, ob er es aus Angst oder aus Lust tut: oder vielleicht ist die Lust ohne die Überwindung der Angst nicht denkbar. Dann sinken die Drachenflieger nach unten weg, Schmetterlinge und Raubvögel, manche ganz schwarz und drohend wie Batman oder Superman.

»Bedenke, daß dein Vogel nur die Fledermaus zum Vorbild haben soll«, notierte Leonardo da Vinci, der nichts von der gefiederten Bauweise hielt.

Fliegen wie die Fledermaus, besser als Lilienthal und fast so gut wie Superman: Das Neueste ist, den Körper nicht sitzend, sondern liegend aufzuhängen – als stoße der Flieger mit ausgebreiteten Schwingen siegreich auf sein Opfer oder doch wenigstens aufs Publikum hinab. Das Publikum, das sich am Landeplatz versammelt, ist voll Bewunderung und Skepsis, ältere Herrschaften in Lederhosen und Urlaubsdirndln, die alle nichts davon verstehen, aber nicht zögern, jede gelungene Ziellandung mit Beifall zu belohnen. 170 Drachenflieger aus 25 Ländern bewerben sich um Meistertitel, und nur ein Mädchen ist darunter, Odile Monrozier aus Frankreich, hübsch und handfest, ein Fressen für die Zuschauer. Sie ahnen, wieviel Mut dazu gehört: den ungeschützten Leib in diese schwankende Waagschale von Auftrieb und Schwerkraft zu legen. Jeder Flug ist ein sanfter Nervenkitzel.

Seitdem der tüchtige Amerikaner Mike Harker von der Zugspitze gesprungen ist, 1973, hat der Flugdrachen sich rapide weiterentwickelt. Der primitive Delta-Gleiter von Rogallo eröffnete den Kindern Lilienthals billig den Luftraum. Nun wandelt das

Dreieck sich schon wieder zum Flügel: Tragflächen mit Rudern und Bremsklappen kommen auf, und mancher Pilot verläßt sich nicht mehr aufs Gefühl, montiert vielmehr Fahrtmesser und Variometer ins Steuertrapez und schiebt gebogene Profilstäbe unter die Plastikhaut – und wenn das so weitergeht, setzt er bald einen Motor ein, schließt das Cockpit von innen und schreibt »Cessna« drauf. Noch darf jeder bauen, wie er will. Die Flugleistungen sind fast schon so groß wie bei den alten Segelflugzeugen in der Rhön. Bei Hangwind oder Thermik kann der Pilot stundenlang in der Luft bleiben.

Noch einmal lernt der Mensch fliegen, und wieder wird er ein Opfer seiner unausweichlichen Sucht: die Leistung zu steigern. Fliegen wie ein Vogel, frei und ungestüm? Lilienthal merkte an: »... wie es überhaupt ein unbeschreibliches Vergnügen ist, hoch in den Lüften über den sonnigen Berghängen sich zu wiegen, ohne Stoß, ohne Geräusche, nur von einer leisen Äolsharfenmusik begleitet, welche der Luftzug den Spanndrähten des Apparates entlockt.«

Die Überwindung der Schwerkraft

Die motorisierte Wolke

Ferdinand von Zeppelin

Der Wind hält nun für eine Weile den Atem an, um uns den Start zu erleichtern. Vier Männer am Boden genügen. Mit zwei Tauen bändigen sie das Luftschiff auf der Stelle, nachdem es vom Ankermast gelöst ist: vier mit der Kraft eines Antäus gegen die geballte, unruhige, zitternde Wolke aus Wasserstoffgas, viertausend Kubikmeter, hoch wie ein Mietshaus und immerhin fünfzig Meter lang. Die Sternmotoren beiderseits der Gondel laufen noch leise und zwecklos. Aber nun schiebt der Kapitän die beiden Gashebel nach vorn; die Bändiger rennen auseinander.

Auf seinem einzigen Rad rollend, teleskopgefedert, nimmt das Luftschiff Fahrt auf. Es schwankt und kippt nicht? Das Archimedische Prinzip, das uns während der Physikstunden immer so schnöde im Stich gelassen hat, steht uns bei. (Spickzettel: Auftrieb durch das leichte Gas, das die spezifisch schwerere Luft verdrängt, abzüglich des Gewichts der Hülle, der Kabine, der Tanks und Motoren, unserer Körper und Butterstullen; ergibt alles in allem Schwebegleichgewicht. Darum also die ganze Wolke auf einem dünnen Bein!) Die Propeller haben sich längst unsichtbar gemacht. Von zweimal 145 PS geschoben, rollen wir schwebend, schweben wir rollend die Startbahn entlang, tun es ganz und gar den flinken Sportfliegern nach und schlagen all unsere Unförmigkeit in den Wind.

Das große hölzerne Steuerrad, das die Höhenruder am Schwanz bewegt, hätten wir eher auf der Brücke eines Flaggschiffes vermutet. Unser Kapitän sagt »Achtung« und dreht es scharf nach hinten. Unverzüglich drückt der Fahrtwind das Heck hinab, wir steigen steil. Die Haltetaue baumeln am Vorderteil. Der dröhnende Silberfisch schießt schräg vom Boden weg, einer wer weiß wo ersehnten Meeresoberfläche entgegen, wie um Luft zu schnappen. Mangels Stewardeß wünschen wir uns selbst eine gute Luftschiffahrt.

Wir sehen uns in der Gondel um. Sie ist winzig unter dem Gewölbe der Silberhaut, die den halben Himmel einnimmt; so wird uns hier unten die Sonne erst aufgehen, wenn sie untergeht. Rundum Schiebefenster, vorn ein Armaturenbrett, Landkarten gestapelt, neben dem Kapitän ein zweiter Luftschiffer, dahinter zwei Fahrgäste, damit ist die Zelle komplett. Eine Klapptür führt zum hinteren Teil der Gondel, er ist voller Technik, Röhren, Schläuche, Behälter für Benzin und Wasser. Ein Rohrstutzen geht direkt ins Freie hinunter – aber wie halten's die weiblichen Passagiere?

»Jetzt beginnt der gemütliche Teil.« Der Kapitän dreht sich zu uns herum; wir sind dreihundert und ein paar Meter hoch und überfahren waagerecht den Odenwald. Die Steuerung erweist sich als denkbar einfach. Mit zwei Pedalen werden die Seitenruder bedient: tritt man rechts, so fügt sich der gewaltige Gasleib in eine Rechtskurve, links geht's nach links. Das Schiff wiegt sich wie in einem Ozean aus Luft. Bald scheint es mit der Spitze in Wellentäler hinabzustoßen, bald will es Wellenberge erklimmen. Wir kämpfen gegen das Auf und Nieder einer Wippe, stemmen uns gegen den Fußboden, um nicht dem Kapitän in den Rücken zu fallen, oder fangen die Landkarten auf, die immer wieder aus der vorderen Hälfte der Kabine auf uns herabflattern. Das Schiffssteuerrad ist dauernd in Bewegung, um die Gegenkräfte zu mobilisieren. Die Wolke reist mit fünfzig Kilometern in der Stunde.

Gemächlich umkreisen wir die Burg Breuberg, am Brunnen steht ein Burgfräulein in Blue jeans. In Walldürn versuchen wir einen Sturzflug hinunter auf den Segelflugplatz, die Flieger winken begeistert. Bei Tauberbischofsheim gibt der Kapitän Vollgas und gewinnt souverän gegen einen Kapitän der Landstraße, der achtzig fährt. Über Würzburg stellen wir eine neue Tageshöchstleistung mit 1400 Meter Höhe auf. Um diesen Blick auf die Residenz hätte uns Balthasar Neumann beneidet. Später stellt der Kapitän die Motoren ab und sieht nach, wieviel Benzin sie verbraucht haben. Was ein Helikopter nur mit brüllender Kraft vollbringt, gelingt uns spielend und führerlos, wir stehen still. Und wir stehen mitten über Liliput.

Die Leutchen, die wir straßauf, straßab mit dem Fernglas besuchen, tragen sämtlich ihre Gesichter nach oben, weil sie uns beobachten. Eine Modelleisenbahn strebt dem Bahnhof zu. Auf dem

Märktchen ist Markt. Der Schatten unserer Wolke schlendert langsam über eine Brücke. Gibt es einen freundlicheren Standort, um die Welt zu betrachten? Vom Himmel aus scheint sie von braver Geschäftigkeit erfüllt zu sein; sie ist lautlos, und siehe da, sie ist gut.

Wir fahren mit dem letzten Enkelkind der großen Luftschiffe, die vor langen Zeiten einmal das Symbol des Fortschritts waren. Sie hießen Zeppelin, und Zeppelin hieß Zukunft. Wer kennt noch die Geschichte des Grafen Zeppelin?

Es ist der erste Sommer des neuen Jahrhunderts. In Amerika bauen zwei unbekannte Fahrradhändler einen Flugapparat, der sich einstweilen noch heftig seiner Bestimmung widersetzt. Die Brüder Wright werden nur deshalb nicht ausgelacht, weil kein Mensch von ihren heimlichen Versuchen weiß. Dagegen bläht sich in den Zeitungen mächtig das Zeppelinsche Luftschiff. Sogar die »Katholische Welt«, die ja keineswegs auf Technik spezialisiert ist, bringt einen mehrspaltigen Bericht: »Die Augen der ganzen gebildeten Welt waren seit Jahresfrist auf einen Punkt bei Manzell am Bodensee gerichtet, wo sich mitten im Wasser eine mächtige, phantastische Halle erhob, worin zahlreiche Arbeiter geheimnisvoll und spukhaft ihr Wesen trieben, um ein seltsames Ungetüm zu erbauen ... womit sein Erfinder, der württembergische Graf Zeppelin, das schwierige Problem der Lenkbarkeit des Luftschiffes lösen wollte. Würde ihm das kühne Unterfangen gelingen?«

Ferdinand Graf von Zeppelin ist ein begüterter Mann, tapfer und gottesfürchtig – soviel weiß man von ihm. In Konstanz geboren, Jahrgang 1838, Absolvent der Kriegsschule Ludwigsburg, ist er als Beobachter in den Amerikanischen Bürgerkrieg gezogen und hat zusammen mit zwei Russen und zwei Indianern die Quellen des Mississippi erkundet; wobei er nicht umhin kam, sich gelegentlich von Wasserratten zu ernähren, weil es sonst nichts gab. Er hat sich 1866 gegen die Preußen und 1870 gegen die Franzosen mit waghalsigen Patrouillenritten hervorgetan. Als er den Dienst quittierte, 1891, hatte er eine glänzende militärische Karriere hinter sich. Der Reitergeneral wäre höchst ehrenvoll in Vergessenheit geraten – hätte ihn nicht der Teufel geritten. Er ließ die Zügel fahren, um die Eroberung der Luft in die Hand zu nehmen. Ein Außenseiter wie die Fahrradhändler in Ohio. Was ihm vorschwebte, war ein fliegender Eisenbahnzug, der in alle Richtungen fahren konnte, auch gegen den Wind. Er erhielt die Patentschrift mit der Nummer 98580. Im Alter von sechzig Jahren gründete er eine »Aktiengesellschaft zur Förderung der Luftschiffahrt«, die ihren Sitz in Stuttgart und ihr Betätigungsfeld im grenzenlosen Luftmeer über dem Bodensee haben sollte.

Ein kampferprobter Haudegen, der kaum noch Haare auf dem Kopf hat: so beginnt der Graf Zeppelin sein zweites Leben in der Bucht von Manzell. Der König von Württemberg, ein wohlwollender Förderer des Fortschritts, hat ihm ein Stück vom Seeufer überlassen. 1899 wird die schwimmende Konstruktionshalle gebaut; sie ist 140 Meter lang und verheißt ein unerhört großes Werk. Spott und Bewunderung begleiten die Arbeit. Der erste Aufstieg des lenkbaren Luftschiffs wird für den 30. Juni 1900 in Aussicht gestellt. »Bereits von 2 Uhr mittags an trafen die Neugierigen, von Friedrichshafen kommend, auf dem Landwege in Manzell ein«, meldet ein Reporter. »Dann erschienen je zwei bayerische, österreichische und Schweizer und schließlich noch drei württembergische Sonderdampfer, die sich vorschriftsmäßig in einer Entfernung von 300 m vom Ballonhause . . . halten mußten.« Man schätzt 12000 Zuschauer. Doch sie warten vergebens.

In der Frankfurter Zeitung ist zu lesen: »Das war gestern eine Enttäuschung, wie sie das Land um den Bodensee wohl noch nie erlebt hat! Unzählige Menschen waren gekommen, auf dem See lag eine Flotte, wie sie nicht so bald wieder auftreten wird, aber allein schon das Füllen des Luftschiffes dauerte statt fünf Stunden gleich fünfundzwanzig. Man entbot das ganze Land in feierlicher Weise zu einem Schauspiel, zu dem nicht einmal die Ouvertüre gespielt werden konnte.«

Zwei Tage später kommt das Ungetüm zum Vorschein. Kein Schmetterling verläßt den Kokon, es ist eine Riesenraupe von 128 Meter Länge, die nun gegen Abend langsam aufs offene Wasser kriecht. Von den Haltemannschaften freigelassen, mit herabhängenden Seilen, knatternden Motoren, fünf Mann an Bord, erhebt sich am 2. Juli 1900 das Flugschiff des Grafen Zeppelin in die Luft, und dies ist nur die schwache Ouvertüre zu einem Schauspiel, das die Welt noch nicht gesehen hat. Schlägt endlich die Stunde der Luftfahrt? Seit der Erfindung des Ballons, seit mehr als hundert Jahren, zerbrechen sich die Aeronauten den

Kopf, wie sie ihr hilflos dahintreibendes Luftfahrzeug lenkbar machen könnten. Aus schönen Ballons wurden häßliche Würste mit Antrieb und Steuer. Unter den konservativen Eroberern der Luft, die von der Idee des Flugzeugs nichts halten, ist Zeppelin ein Revolutionär. Er verstaut gleich mehrere Ballons in einem langen Rumpf aus Aluminiumstreben und bespannt das Gebilde mit einer Außenhaut: ein Starrluftschiff, festgefügt und windschnittig. Genaugenommen ist der alte Reitergeneral ein genialer Flugzeugbauer, der, wie sich später herausstellen wird, aufs falsche Pferd gesetzt hat.

Die erste Fahrt endet nach knapp 18 Minuten bei Immenstaad. Ein mäßiger Erfolg. Der Wind ist besiegt, aber nicht das Vorurteil. »Technischer Unsinn in Kolossalform«, urteilt ein Sachverständiger. Graf Zeppelin hat sich der trügerischen Hoffnung hingegeben, sein Flugschiff werde alsbald kommerzielle oder militärische Verwendung finden, aber das Ziel ist nicht näher gerückt, im Gegenteil, es scheint zu entschwinden. In den folgenden Jahren wird der Alte vom Unglück geradezu verfolgt. Die Aktiengesellschaft hat sich aufgelöst, sein Vermögen geht dahin, ein öffentlicher »Notruf zur Rettung der Luftschiffahrt« bleibt ohne Echo. »Für mich tritt naturgemäß niemand ein, weil keiner den Sprung ins Dunkle wagen will. Aber mein Ziel ist mir klar, und meine Berechnungen stimmen«, hat er einmal gesagt.

Im Januar 1906 wird sein zweites Luftschiff nach einer Notlandung auf freiem Feld von einem Sturm geknickt und zerfetzt. Der gebrochene Luftfahrer, fast schon eine tragische Figur, läßt abwracken. Sein einstiger Kritiker Hugo Eckener, Nationalökonom und Korrespondent der Frankfurter Zeitung, beschreibt die Szene: »Mit Äxten und Sägen arbeitete man schonungslos an der schleunigen Zerstörung. Inmitten dieses traurigen Werkes stand der alte Graf Zeppelin, aufrecht und ruhig, und erteilte hin und wieder seine Anweisungen. Wer kann nachfühlen, was den Erfinder in einer schlaflosen Nacht der Entschluß gekostet haben mag, den Befehl zur Zertrümmerung des Werkes zu geben, über das er ein Menschenalter nachgegrübelt, an dem er volle sieben Jahre gearbeitet hatte? Wie stark ist des Menschen Herz und wie schwach ist des Menschen Werk, daß es ein Windhauch vernichtet!«

Im Oktober 1906 ist das dritte Luftschiff startbereit, trotz allem, und nun tritt ein kaum gebeugter Greis von 70 Jahren als Sieger in die Luftfahrtgeschichte ein. In der vorderen Gondel stehend, mit weißem Bart unter weißer Schildmütze, kreuzt er über Wasser und Land, die größte Attraktion seiner Zeit. Die Reichsregierung finanziert ihm die neue Montagehalle. Am 1. Juli 1908 unternimmt er mit dem vierten Luftschiff eine zwölf Stunden dauernde Probefahrt in die Schweiz, wo ihm ein unbeschreiblicher Jubel entgegenschlägt. »Der Zeppelin, der Zeppelin!« Die Erfindung trägt wie selbstverständlich den Namen ihres Erfinders. Zeppelin im Zenit: Friedrichshafen, Konstanz, Stuttgart machen ihn zum Ehrenbürger. Auch werden Straßen, Zigarren, Regenmäntel, eine Kaffee- und eine Blumensorte nach ihm benannt.

Die Reichsregierung ist bereit, ein Militärluftschiff zu erwerben, und macht zur Bedingung, daß es 24 Stunden in der Luft bleiben kann. Graf Zeppelin fährt den Rhein hinunter bis Mainz und nimmt den Rückweg über Stuttgart. Am frühen Morgen des 4. August 1908 muß er mit Maschinenschaden notlanden, aber alles geht glatt, sanft setzt das Luftschiff auf der Filder bei Echterdingen auf. Die Reparatur dauert Stunden, der Graf zieht sich in ein Hotel zurück, es finden sich 50 000 Schaulustige ein. Da bricht am Nachmittag ein Sturm los, der den Riesenleib des Luftschiffs aus der Verankerung reißt und davonbläst; es geht in Flammen auf, und nur ein rauchender Trümmerhaufen bleibt übrig. Nicht die gefeierte Schweizerfahrt, sondern die Katastrophe von Echterdingen verhilft dem Zeppelinschen Werk endgültig zum Durchbruch. Denn nun geschieht, was man später das »Wunder von Echterdingen« nennt. Überall werden Sammlungen für den armen Grafen veranstaltet, in Betrieben und Schulen, auf der Straße. Die Welle des Mitgefühls erfaßt Fabrikbesitzer und Erstkläßler und spült am Ende mehr als sechs Millionen Mark an den Bodensee. »Mit Gottes Hilfe, wir fangen wieder an«, sagt der Alte.

Mit der »Spende des deutschen Volkes« wird die Zeppelinstiftung gegründet und ein nachmalig bedeutender Konzern aufgebaut. Ludwig Dürr, Zeppelins Chefkonstrukteur, entwickelt die Schiffe zielstrebig weiter, bis sie reif sind für die Verkehrsluftfahrt. Die Motoren werden ständig stärker, die Ruder fester, die Rümpfe länger. Mit den Delag-Zeppelinen »Schwaben«, »Sachsen« und »Viktoria Luise« können zahlende Passagiere schon von Stadt zu Stadt fahren, als die frühen Aeroplane noch Spielzeuge sind. Der Graf stirbt am 8. März 1917 in Berlin. Er hat nicht nur die völlige Anerkennung seiner Idee erlebt und nicht nur ihre friedliche Nutzung, sondern auch ihre verderbenbringenden Wirkungen. Die Zeppeline eröffnen den Krieg aus der Luft. Eine neue, gespenstische Waffe. Im Schutz der Dunkelheit fahren die »Luftkreuzer« über die Grenze, um ihre Bomben abzuwerfen auf London, Bukarest, Dijon: die ersten Terrorangriffe.

Die unheimliche Fähigkeit der Deutschen, viele Stunden, ja Tage in der Luft zu bleiben, in Wolken zu verschwinden und plötzlich loszuschlagen, wird in Südengland zu einem Alptraum. Er wird erst gegen Ende des Krieges mit Scheinwerfern, verbesserten Flugzeugen und Brandgeschossen gebannt. Erfolglos, aber eindrucksvoll ist eine Mission des Luftschiffs L 59, das im November 1917 tief nach Afrika hineinfährt, um dem General Lettow-Vorbeck Hilfe zu bringen, und in 95 Stunden fast 7000 Kilometer zurücklegt.

Bis 1918 laufen in Friedrichshafen, Potsdam und Staaken über hundert Zeppeline vom Stapel, und nicht wenige enden als riesige Feuerbälle am Himmel. Fünfhundert Luftschiffer kommen um.

Der Krieg hat die Zeppelintechnik vorangebracht, der interkontinentale Verkehr kann beginnen. Hugo Eckener, der getreue Gefolgsmann Zeppelins, bringt den Luftschiffbau über die Hungerjahre der Nachkriegszeit. Er wird zum Vollender eines Werks, dessen eigentlicher Triumph noch bevorsteht. Im Oktober 1924 überführt Eckener das sogenannte »Reparations-Luftschiff« LZ 126 von Friedrichshafen nach Lakehurst, wo es den Amerikanern ausgeliefert und auf den Namen »Los Angeles« getauft wird. Die Überfahrt dauert 81 Stunden; sie geht reibungslos und wie selbstverständlich vonstatten und bringt den tüchtigen Deutschen die erste große Sympathiekundgebung der zwanziger Jahre ein. Wer zweifelt noch daran, daß der künftige Passagierverkehr über die Ozeane von Luftschiffen getragen wird? Zweieinhalb Jahre später startet Lindbergh.

Als das Großluftschiff LZ 127 »Graf Zeppelin« gebaut wird, zeigt sich in den Straßen Friedrichshafens mehr und mehr internationales Publikum, Techniker und Touristen, Seidenstrümpfe aus Paris, Knickerbocker aus Amerika, Lodenmäntel aus Bayern. Am 11. Oktober 1928 steigt es zu seiner ersten Amerikafahrt auf, die mit einer Konfettiparade in den Straßen New Yorks endet.

1929 umrundet LZ 127 die Welt, 1931 folgt eine Forschungsreise in die Arktis. In den dreißiger Jahren beginnt der transozeanische Luftverkehr für alle, die wichtige Geschäfte, wenig Zeit und viel Geld haben. Endpunkt der Südamerikalinie ist Pernambuco, die Nordamerikalinie führt nach Lakehurst; Friedrichshafen und Frankfurt sind die deutschen Luftschiffhäfen. »Graf Zeppelin« gilt als glückhaftes Schiff wie einst die alte »Schwaben«. Mehr als hundertmal fährt es über den Ozean. Das Luftschiff LZ 129 »Hindenburg« aber stellt alles Bisherige in den Schatten: Es ist 245 Meter lang und wird von 190000 Kubikmeter Wasserstoff getragen, ein fliegender Luxusdampfer mit Speisesaal, Promenadendeck, Rauchzimmer, Klaviermusik, Spiel und Tanz. Nie wieder hat sich ein von Menschenhand geschaffenes Gebilde solcher Größe am Himmel bewegt. Aus den brüchigen Gondeln des Grafen Zeppelin ist ein mit Technik reichlich ausgestattetes Kommandozentrum geworden. Die Sicherheit steht außer Zweifel. Der Bau großer Luftschiffe ist weder den Engländern noch den Amerikanern überzeugend gelungen; alle Projekte sind kläglich oder katastrophal gescheitert. Auf einem deutschen Luftschiff aber ist noch kein Passagier zu Schaden gekommen.

Am 6. Mai 1937 verbrennt das stolze Flaggschiff bei der Landung in Lakehurst innerhalb weniger Minuten und reißt 36 Menschen in den Tod. Die glorreiche Epoche der Luftschiffe geht unerwartet, plötzlich und unwiederbringlich zu Ende. Was blieb: die Stiftung, auf der die Stadt Friedrichshafen sitzt wie die Henne auf dem Ei; der Rest des Konzerns dortselbst; ein Zeppelinmuseum. Und eine Handvoll alter Zeppeliner, die am Bodensee und in Zeppelinheim bei Frankfurt im Ruhestand leben und sich des großen Traums von der Eroberung des Himmels und der Erde erinnern, an der sie teilhatten.

Zurück in die Gegenwart. Voraus mit halber Kraft. Unser Blimp, das Enkelkind, ist nur ein schwacher Abklatsch des Zeppelins, in Amerika gebaut, Jahrgang 1943. Als Kriegsfahrzeug stand es über der Küste und hielt U-Boot-Wache. Die Invasion verschlug es nach Deutschland, wo es, dem Zug der Zeit folgend, in die Werbung ging. Nun trägt es fünf Meter große Buchstaben auf dem prallen Leib und schreibt den Namen einer großen Firma an den Himmel. So überlebt es.

Sportflugzeuge und Hubschrauber schwärmen aus der dunstigen Weite heran und halten in ihrem Flug nach irgendwohin inne. Sie bestaunen den Oldtimer, dann reiten sie auf eiligen Flügeln weiter. Düsenjäger geben nicht mehr als ihre Schatten zu erkennen, als seien sie eine fliegende Geheimsache. Die ersten fünf Stunden haben zweihundert Liter Sprit gekostet, nur ein Drittel des gesamten Vorrats. Der Kapitän ist's zufrieden und macht sich über ein Kreuzworträtsel her. Fluß mit vier Buchstaben? Wir deuten auf den Main, dessen Lauf wir als Binnenluftschiffer verfolgen, und er füllt die Kästchen aus. Reisen bildet! Dann wieder drehen wir Runden um eine Dorfkirche und winken mit Taschentüchern aus der Gondel. Da wir spazierenfahren, nicht fliegen, ist Zeit für jede Einzelheit, und sei es ein alleinstehendes Haus, nichts als ein windschiefes Häuschen mit roten Fensterläden, die sich gerade öffnen, oder ein Stück Wald in seinen Grünvariationen. Wer hat die Felder so exakt gemustert? Wir entdecken die Zeichen unseres Jahrzehnts, himmelblaue Schwimmbäder, Campingplätze in Gelb und Weiß und die Ameisenheere der Autos auf schnurgeraden, grauen Bändern. Wir sehen alles. Die sausenden Flieger müssen blind sein gegen uns.

Nun wird das Funkgerät eingeschaltet, der Kapitän kündigt unsere baldige Heimkehr an. Wir stoßen in die Einflugschneise, und die Landebahn läuft uns entgegen. Das Rad holpert gedämpft, vier Männer greifen in die schleifenden Seile, drei andere hängen sich an die Gondel. Als wir über die Leiter aussteigen, erblicken wir mit einer gewissen Überraschung die geballte, unruhige, zitternde Silberwolke, die einen ganzen Achtstundentag lang über uns war und uns getragen hat. Wie sie so daliegt, erscheint sie uns als ein Monstrum lähmender Trägheit.

Da denkt man immer, man sei frei und ungebunden, und vergißt die große, dunkle Wolke, die über einem ist, wo immer man sich bewegt.

Eine verschlafene Sternstunde

Die Brüder Wright

Man gleitet sesselweich in einem dieser fliegenden Hotels zum nächsten Kontinent und wirft zufällig einen Blick auf die Zeitung, die der Nachbar aufgeschlagen hat, zwischen Island und Grönland oder vielleicht auch schon bei Labrador. Ein denkwürdiges Datum. Der 17. Dezember. Es ist der Tag von Kitty Hawk, und er liegt erst achtzig Jahre zurück.

Am 17. Dezember 1903, an einem eiskalten Wintertag gegen 11 Uhr, erhebt sich am Atlantikstrand von Nordkarolina ein bemannter Flugapparat mit Motorkraft in die Luft, nicht länger als zwölf Sekunden. Der Mann, der das abenteuerliche Gestell lenkt, auf dem Bauch liegend, heißt Orville Wright. Es ist der Beginn einer rasanten Geschichte.

Die Brüder Wilbur und Orville Wright, zwei hagere Männer in den Dreißigern, Fahrradhändler aus Dayton in Ohio, verbissene Bastler, ein bißchen genial, führen der Welt den fliegenden Menschen vor. Fünf Männer aus der Umgebung sind Augenzeugen. Die Welt, die auf diese Vorführung angeblich Jahrtausende gewartet hat, erfährt nichts davon oder will es nicht glauben. Die Wrights haben Jahre gebraucht, um die Schwerkraft zu besiegen; nun brauchen sie Jahre, um das Vorurteil zu besiegen.

Noch zwei Jahre nach dem Ereignis, das diese Welt verändern wird, schreibt der »Scientific American«: »Wir können unmöglich annehmen, daß solche aufsehenerregenden und enorm wichtigen Versuche in einem nicht allzu abgelegenen Teil unseres Landes durchgeführt wurden . . . Der unternehmungslustige amerikanische Reporter, der bekanntlich den Kamin herunterkommt, wenn ihm die Türe vor der Nase zugeschlagen worden ist, hätte sonst bereits alles über sie in Erfahrung gebracht und längst überallhin verbreitet.«

Aus der heutigen Jet-Perspektive nimmt sich der Kampf der Wrights um Glaubwürdigkeit wie eine Groteske aus. Er findet statt im aufgeklärten zwanzigsten Jahrhundert, er findet statt im Land der totalen Publizität, Amerika. »Ich möchte wissen«, sagt 1905 ein französischer Aeronaut, »ob diese Gebrüder Wright überhaupt leben.«

Der amerikanische Journalist Fred C. Kelly versucht vierzig

Jahre später herauszufinden, warum die Menschheit ihre erste Sternstunde im zwanzigsten Jahrhundert glatt verschlafen hat. Er kommt zu dem Ergebnis, daß die Presse versagte: nicht, weil die Journalisten zu dumm gewesen wären, sondern weil sie nicht gescheiter als ihre Zeitgenossen waren.

Am 17. Dezember 1903 machen die Wrights hintereinander vier Flüge, wobei sie sich am Steuer abwechseln. Der letzte Aufstieg dauert 59 Sekunden. Nachher, als sie neben ihrem Schuppen in den Dünen stehen und den Erfolg besprechen, wird das Flugzeug von einer Bö erfaßt und geht, sich überschlagend, zu Bruch. Die Wrights bereiten sich einen Lunch. Sie spülen Geschirr. Es ist schon Nachmittag, als sie zur Kitty-Hawk-Wetterstation gehen, um ein Telegramm an ihren Vater, den Bischof Wright in Dayton, aufzugeben. Darin steht unter anderem: »Informiere Presse – zurück Weihnachten – Orville Wright.«

Bevor die Nachricht Ohio erreicht, wird sie von dem diensthabenden Telegrafisten einem befreundeten Reporter weitergegeben. Mr. Moore, Mitarbeiter einer Provinzzeitung in Norfolk, recherchiert vergeblich nach Einzelheiten. Kitty Hawk ist ein ziemlich einsames Nest. Mr. Moore bläst die magere Information phantasiereich zu einer großen Story auf, die hinten und vorne nicht stimmt.

Der Reporter bietet die Neuigkeit von den fliegenden Menschen 21 Zeitungen an. Aber Redakteure lassen sich nicht gern auf den Arm nehmen. Ein Dreimeilenflug mit einem Apparat, der sich mit Hilfe mehrerer sechsflügeliger Propeller meterhoch in die Luft erhebt? Auch die Presseagentur Associated Press hält es für unwahrscheinlich. Hat nicht der Professor Langley, immerhin ein Fachmann, gerade bewiesen, daß so etwas nicht geht?

Das epochemachende Ereignis von Kitty Hawk wird am folgenden Morgen nur in drei amerikanischen Zeitungen erwähnt, teils skeptisch, teils aufgebauscht, und es liest sich wie Sciencefiction. Orville Wright sagt später, die Meldung sei »zu 99 Prozent falsch« gewesen.

Mit Moores schlecht recherchierter Meldung beginnt eine Serie von Fehlinformationen, Mißverständnissen, Irrtümern und Spekulationen in der Presse, die jahrelang die historische Leistung der Wrights mehr verdunkelt als erhellt.

Als ein Mitglied der Familie Wright nach Erhalt des Telegramms den AP-Redakteur in Dayton verständigt, winkt dieser gelangweilt ab. In der Nachmittagsausgabe der »Daily News« steht die Überschrift: »Daytoner Jungen wetteifern mit dem großen Santos-Dumont«. Es ist eine gutgemeinte Provinznachricht: als hätten die Wrights einen großen Fisch gefangen oder einen Bären geschossen. Santos-Dumont, der berühmte Aviateur aus Brasilien, hat mit einem lenkbaren Ballon den Eiffelturm umrundet. Die Wrights haben als erste eine Maschine, die schwerer als Luft ist, in die Luft gebracht. Kaum einer kapiert den himmelweiten Unterschied.

In den Jahren 1904 und 1905 setzen die Brüder Wright ihre Flugversuche mit neuen, verbesserten Modellen fort. Sie mieten eine Weide bei Dayton, die Huffmann-Prärie. Auf den Wind von Kitty Hawk, wo sie 1900 mit motorlosen Gleitfliegern anfingen, sind sie nicht länger angewiesen. Im April 1904 laden sie Journalisten aus der Umgebung ein. Das Wetter verhindert den Start, die Journalisten bekommen nichts zu sehen. Einen Tag später gelingt ein kleiner Luftsprung. Die Presse bringt ein paar wohlwollende Worte, dann verliert sie das Interesse.

Um die Anlaufstrecke auf der Startschiene zu verkürzen, bauen die Wrights einen Katapult mit Fallgewicht. Im September fliegen sie einen vollständigen Kreis. Ein Imker aus Medina, Mr. Root, ist so ziemlich der einzige, der dies bemerkenswert findet. Er veröffentlicht einen Artikel in seiner Bienenzüchter-Zeitschrift.

Kelly befragt später einen Stadtredakteur der »Daily News« über diese Zeit. »Er erinnerte sich . . ., daß viele Leute, die auf den Vorortlinien am Huffmann-Feld vorbeigefahren waren und die Wrights fliegen gesehen hatten, in das Büro der Daily News zu kommen pflegten, um zu fragen, warum über diese Flüge nichts in der Zeitung stand.« Und weiter: »Solche Besucher wurden direkt zur Plage.« Und warum stand nichts in der Zeitung? »Um die Wahrheit zu sagen – wir waren einfach zu dumm.«

Der »unternehmungslustige amerikanische Reporter« kommt nicht den Kamin herunter. Zwei Männer machen Geschichte, und die Öffentlichkeit erfährt nur Gerüchte. Die Leute, die mit eigenen Augen einen Wright-Doppeldecker in der Luft sehen, können die Bedeutung der Flüge nicht erfassen. Die Leute, die vielleicht ihre Bedeutung erfassen würden, erscheinen nicht in Dayton, weil das, was man davon hört, unglaubhaft ist.

Es ist kein Zweifel, daß die Wrights in diesen Jahren die führenden Fachleute auf dem Gebiet des Flugwesens sind. Lilienthal hat sie angeregt, Chanute hat sie ermuntert. Sie entdecken, erfinden, konstruieren alles selber, was der Mensch zum Fliegen braucht: die Tragflügel, die Steuerung, die Propeller, den leichten 12-PS-Motor. Sie haben eine Holzkiste zum Windkanal gemacht, um Profile zu testen. Zwei Fahrradhändler ohne Schulabschluß leisten eine erstaunliche wissenschaftliche Arbeit. »Keiner der beiden hätte das Rätsel allein lösen können«, sagt der Bischof Milton Wright, ihr Vater, »unzertrennlich wie Zwillinge, sind sie füreinander unentbehrlich.« Die Erfindung des Flugzeugs ist in Wirklichkeit ein ganzes Bündel von Erfindungen. Jeder neue Schritt stellt den vorhergehenden in Frage. Sie erkennen das Phänomen der Druckpunktwanderung und die Gefahren des Schiebemoments. Das brüchige Gebilde, das sich am Atlantik-Strand von Karolina in die Luft erhebt, ist das erste wirklich lenkbare Flugzeug. Die früheren Flugpioniere: Ader, Jatho, Weißkopf, Pilcher, Langley und andere – sie haben nur Etappenziele, nicht aber das Ziel erreicht.

Die Wrights werden zurückhaltender und verschlossener, je weiter ihre Erfindung gedeiht. Sie erkennen, daß ihre Flugmaschine eine furchtbare Kriegswaffe werden kann: so furchtbar, daß sie vielleicht Kriege zu verhindern imstande ist. Frieden durch Abschreckung? Sie bieten ihre Maschine dem Kriegsministerium an, aber dort ist man nicht neugierig. Der Freund Chanute sagt: »Diese Burschen sind eine Gesellschaft von Eseln.« Es liegt nicht nur am Versagen der Presse und nicht nur an der Dummheit der Esel im Ministerium, wenn die Wrights nicht zum Zug kommen. Die Brüder verspielen die Glaubwürdigkeit, nach der sie lechzen, indem sie sich mißtrauisch vor der Öffentlichkeit verstecken.

Amerika schläft immer noch, als die Wrights mit einem Franzosen über den Verkauf einer Flugmaschine verhandeln, Preis 200 000 Dollar. In Dayton gehen Unterhändler und Kommissionen aus Europa ein und aus; die Alte Welt ist aufmerksam geworden. Die Wrights werden von Monat zu Monat vorsichtiger. Die Interessenten erleben nicht einen einzigen Flug, sie treffen nur Augenzeugen. Am Ende des Jahres 1905 sind sich die Wrights ihres Vorsprungs so sicher, daß sie die Flugversuche einstellen.

In Europa hat die Stunde der Luftfahrt geschlagen. Frankreich ist ganz vorn. Was man von Lilienthal und den Wrights weiß, genügt als Grundlage für eigene Versuche. 1906 hat Santos-Dumont eine flugfähige Maschine fertiggestellt. Voisin baut Apparate, die dem Wrightschen Flieger ähnlich sind, Farman und Delagrange lernen fliegen. Frankreich lockt die Wrights, die in Paris nur »bluffeurs« genannt werden, aus der Reserve: Wenn sie jetzt nicht Farbe bekennen, fliegt ihnen Europa davon.

Endlich von ernsthaften Journalisten beobachtet, bereiten sie sich im Frühjahr 1908 in Kitty Hawk auf die Eroberung der öffentlichen Meinung vor. Seit dem ersten Flug sind mehr als vier Jahre vergangen. 1908 zahlt sich aus, was sie getan, was sie investiert, was sie zustande gebracht haben.

Orville zeigt den neuen zweisitzigen Apparat den Militärs in Fort Myer. Theodore Roosevelt jr. berichtet darüber: »Als sich das Flugzeug zuerst erhob, schnappte die Menge vor Überraschung einen Augenblick nach Luft . . . Ich werde nie den Eindruck vergessen, den der aus der Menge aufsteigende Laut auf mich machte. Es war ein Ton vollständiger Überraschung.« Der Flug dauerte eine Minute und elf Sekunden. Einige Tage später fliegt Orville fast eine Stunde lang. Am 17. September, als er mit einem Fluggast, Leutnant Selfridge, abstürzt, kommt das Wright-Flugzeug auf die Titelseiten der großen Zeitungen. Orville erholt sich schnell, Selfridge hat den Unfall nicht überlebt.

Wilbur Wright feiert in Frankreich Triumphe. Im grauen Anzug, mit hohem steifen Kragen, eine Mütze auf dem Kopf, unglaublich bescheiden, beweist der Amerikaner den Franzosen in Auvours, daß er ihnen in der Luft weit überlegen ist. Gestern hat man ihn noch einen Lügner genannt. Die Presse schreibt: »Das war der größte Irrtum des Jahrhunderts.« – »Die Zeitungen und die französischen Flieger sind fast verrückt geworden vor Aufregung«, berichtet Wilbur nach Hause, »Blériot und Delagrange waren so überwältigt, daß sie kaum sprechen konnten.«

Für die Wrights beginnt der geschäftliche Teil ihres Abenteuers. In Pau eröffnen sie eine Flugschule. In Frankreich und Deutschland werden Wright-Gesellschaften gegründet, in den Vereinigten Staaten läuft ein Riesenbetrieb an. Patentprozesse ziehen sich durch die Jahre. Es ist schon fast zu spät für den Durchbruch. Die Europäer, wenn sie auch Wright-Schüler sind, bauen bald bessere und leichter zu lenkende Maschinen. Der komplizierte Wright-Apparat ist lange vor dem Ersten Weltkrieg völlig überholt.

Im Jahre 1910, zu Hause, auf der Huffmann-Weide, setzen sich die Wrights zum ersten Mal gemeinsam in ein Flugzeug. Wilbur stirbt 1912. Orville Wright lebt bis 1948, als das Zeitalter der Düsenflugzeuge anbricht: ein Mann wie ein Denkmal aus einer anderen Zeit.

»Ich glaube, ich habe früher gehopst.«

August Euler

Alfred Hildebrandt, ein früh entflammter Förderer der Luftfahrt, hat im Jahre 1908 den ersten deutschen Flugtag in Kiel organisiert. Es erschien viel Publikum, aber nur ein einziger Flieger, Herr Ellehammer aus Dänemark, dessen Höchstleistung ein Luftsprung von 47 Meter (Länge, nicht Höhe!) war. »Gibt es denn in Deutschland keinen einzigen Piloten?« fragte Hildebrandt in einem resignierten Zeitungsbericht. »Lebt denn in dem Land, das einen Otto Lilienthal seinen Sohn nennen darf, kein Mensch, der ein Flugzeug konstruieren, bauen und fliegen kann?«

Nein, das hat noch keiner geschafft. Im Schatten ihres mächtigen Zeppelinschen Luftschiffs verschlafen die Deutschen den Anbruch der neuen Zeit. Karl Jatho aus Hannover, der Urahn der deutschen Motorflieger, der schon vor den Brüdern Wright beachtliche Bruchlandungen zuwege brachte, übt einsam, verbissen und erfolglos in der Vahrenwalder Heide. Seit »Kitty Hawk« sind fünf Jahre vergangen. Fortschritte werden nicht gemeldet. 1908, als Hildebrandt seinen Stoßseufzer niederschreibt, fangen August Euler, Hans Grade und Hermann Dorner gerade erst mit Flugversuchen an: jene drei Männer, die heute als Pioniere des Flugwesens in Deutschland gelten.

Die Welt lernt fliegen, Frankreich vorneweg. Abenteurer, Rennfahrer, Techniker und Künstler werfen sich dem neuen Gentlemansport in die Arme. Im Sommer 1908 kommt Wilbur Wright nach Europa. Am 18. Dezember gelingt ihm in Auvours bei Le Mans ein sensationeller Zweistundenflug, wobei er 66,5 Kilometer zurücklegt. Da zeichnet sich ab, daß die junge Kunst des

Fliegens im kommenden Sommer ihren triumphalen Durchbruch erleben wird.

In Berlin, wo der Franzose Armand Zipfel zu Beginn des Jahres 1909 nur ein paar kümmerliche Hüpfer vollführt hat (»Hurra, es ist erreicht, der Zipfel steigt!«), zeigen Orville Wright und Hubert Latham im September, wie's gemacht wird. Der Amerikaner nimmt sogar Passagiere mit; der Franzose steuert seinen Aeroplan vom Tempelhofer Feld nach Johannisthal und erhält für diesen ersten Überlandflug in Deutschland von der Berliner Polizei eine Verwarnung »wegen groben Unfugs«. Fliegen ist immer noch Glücksache. Einige Wochen vorher hat man Latham samt seiner zerbrochenen Flugmaschine aus dem Ärmelkanal gezogen.

Hoch bezahlt wie Primadonnen reisen die erfolgreichen Himmelsstürmer durch Europa, um ihre Künste vorzuführen. Der fliegende Mensch ist die größte Zirkusnummer der Neuzeit. Noch sind die brüchigen Aeroplane weit davon entfernt, ernst genommen zu werden. Die Stadt Douai kündigt einen Flugwettbewerb an. Die »große Woche der Champagne« in Reims wird zu einem modernen Ritterspiel in den Lüften und setzt die Maßstäbe für alle späteren Flugveranstaltungen. Während des großen Aeroplanspiels in Brescia notiert ein zufälliger Zuschauer, Franz Kafka, beim Anblick der Blériotschen Flugmaschine: »Auf dieser Kleinigkeit will er in die Luft?« Nun, auf dieser Kleinigkeit hat Blériot gerade vollbracht, woran sein Konkurrent Latham gescheitert war: die erste Überfliegung des englischen Kanals.

In dieser Saison der Rekord- und Rippenbrüche wird in Frankfurt am Main die »Internationale Luftschiffahrt-Ausstellung« eröffnet, die ILA, das erste große Volksfest des flugtechnischen Zeitalters in Deutschland. Der Sommer 1909 ist nicht schön, er bringt viel Regen, aber Frankfurt glänzt unter der Sonne des Fortschritts. Die reiche Handelsstadt verschreibt sich hundert Tage lang der Luftfahrt. Der Katalog verzeichnet mehr als fünfhundert Aussteller – Ballonfahrer und Luftschiffer, Wissenschaftler und Scharlatane machen die neue Festhalle zum Marktplatz ihrer Sensationen. Die ILA ist Industriemesse, Erfinderbörse, Sportveranstaltung und Vergnügungspark in einem.

Urheber des volksbildenden Spektakels ist der Industrielle Dr. Paul Gans, der argwöhnisch die Franzosen und enttäuscht die

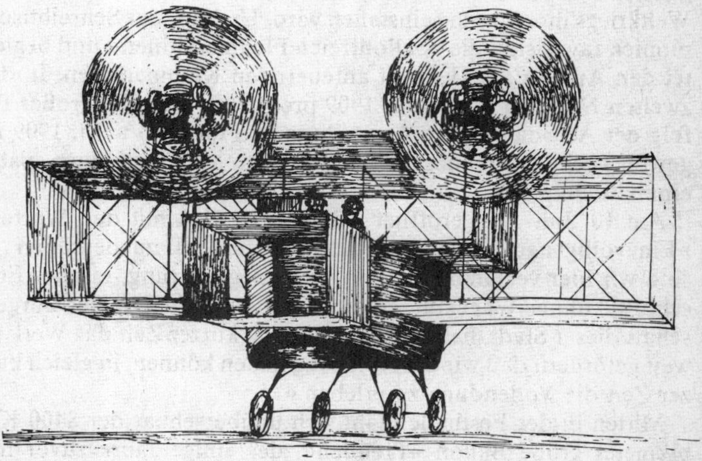

Follow me

Deutschen beobachtet hat. Er trägt den Münchener Stadtvätern seine Pläne für eine deutsche Luftfahrtschau vor, aber sie lassen ihn abblitzen. In Frankfurt wird er im November 1908 mit offenen Armen empfangen. Oberbürgermeister Dr. Franz Adickes, ein hochgewachsener Mann mit wallendem weißen Vollbart, aber von fortschrittlichster Gesinnung, läßt ein für den Sommer geplantes Sängerfest aufs Frühjahr vorverlegen und stürzt sich mit aller Kraft in die Vorbereitungen der ILA. Kaufleute, Industrielle und Bankiers spenden mehr als eine Million Mark, um das zukunftweisende Unternehmen zu finanzieren. Eine Sammlung unter den Bürgern bringt 11 000 Mark zusammen.

Der Ingenieur Oskar Ursinus, der später bei den Segelfliegern als »Rhönvater« die größte Verehrung genießt, hat im Dezember 1908 die erste Nummer seiner Zeitschrift »Flugsport« herausgegeben: eine Institution, die erst im Bombenhagel des Zweiten Weltkriegs ihre Stimme einstellen wird. Ursinus, der Schreibtischpionier, favorisiert die »ballonfreien Flugmaschinen« und begleitet den Aufbau der ILA mit anfeuernden Kommentaren. In der zweiten Nummer im Januar 1909 prophezeit er: »Ein großer Erfolg der Aeronautischen Ausstellung zu Frankfurt a. M. 1909 ist gewiß. Tüchtige Männer besitzt Frankfurt. Man wird ihnen später einmal danken.«

Am 10. Juli 1909 eröffnet Adickes die ILA mit den Worten: »Ein völlig neues, nie geschautes Kulturwerk zu begrüßen ... sind wir hier versammelt. Tatkräftige Begeisterung, rascher Entschluß, kühner Wagemut, getragen von der Hingabe der Bürgerschaft dieser Stadt, haben in unglaublich kurzer Zeit das Werk so weit gefördert, daß wir die Hoffnung haben können, in gleich kurzer Zeit die Vollendung zu erleben.«

Mitten in der Festhalle bläht sich unübersehbar der 8400 Kubikmeter große Ballon »Preußen«, der einige Jahre zuvor mit zwei freilich ohnmächtig gewordenen Mitarbeitern des Kgl. Preuß. Aeronautischen Instituts in Berlin-Reinickendorf eine Rekordhöhe von 10 800 Metern erreicht hat. Freiballone, Fesselballone, Lenkballone beherrschen die ILA, die noch ganz in der Tradition der aerostatischen Luftfahrer steht. Gas scheint die einzig wahre erhebende Kraft zu sein. Das halbstarre Luftschiff des Majors von Parseval und der Clouthsche Lenkballon kreuzen knatternd über der Stadt.

Der erste Höhepunkt der ILA ist die Landung des fünften Zeppelin-Luftschiffs am Nachmittag des 31. Juli. Als das Ungetüm aus einem verhangenen Himmel auf den Rebstock niedersinkt, wird es von einer ehrfürchtig versammelten Menschenmenge mit dem Deutschlandlied begrüßt. Die weiße Schildmütze auf dem Schädel, kehrt der kleine alte Reitergeneral Graf Zeppelin nach einer aufregenden Himmelfahrt auf die Erde zurück und wird wie ein Herold des Himmels begrüßt. Die Spitzen der Gesellschaft drängen sich zu ihm. Der Direktor des Physikalischen Vereins kommt auf einem nervösen Schimmel geritten. »Das höchste Glück hat keine Lieder, der tiefste Schmerz hat keinen Ton«, sagt der Oberbürgermeister, »so geht es auch mir mit der großen Ergriffenheit. Man vermag einfach nicht zu sagen, was man empfindet. Aber in den Blicken der vielen Tausenden, der Männer und Frauen aus dem Volk, da leuchtet das Nichtzusagende. – Hier steht er, der uns geholfen hat, daß wir uns größeren Dingen zuwenden als den kleinen Gesprächen am Philistertisch.« An diesem Wochenende strömen 150000 Menschen zum Rebstock, um den Zeppelin zu sehen. Er verheißt den Deutschen große Zeiten am Flughimmel.

Herz und Seele der ILA ist der aus Wiesbaden gebürtige, einer Schweizer Familie entstammende Major a. D. Georg v. Tschudi, eine imposante, abenteuerliche Erscheinung, die dem leibhaftigen Buffalo Bill ähnlich sieht. Der ILA-Direktor läuft meistens mit einem aufgespannten Regenschirm umher, er ist überall gleichzeitig. Er sorgt dafür, daß auch die schaulustigen Laien auf ihre Kosten kommen. Gegen eine geringe Gebühr können sie im Korb eines Fesselballons das Panorama der Stadt Frankfurt beschauen, ein Fliegerkarussell besteigen, kinematographische Vorstellungen besuchen, den Illusions-Palast betreten, die Schießhalle bevölkern, im Japanischen Teehaus oder im Restaurant »Mondkalb« einkehren.

Und wo bleiben die Flieger? Am 6. August würdigt Ursinus im »Flugsport« beiläufig den Besuch des Grafen Zeppelin – aber »wir bedauern nur, daß wir angesichts der kühnen Flüge unserer Nachbarn immer noch keine wirklich fliegende Flugmaschine besitzen«. Und weiter: »Zur Zeit werden Unterhandlungen mit Blériot gepflogen, um ihn für die ILA zu gewinnen. Blériot soll für den Tag 2000 Mark erhalten.«

Im August trifft der belgische Baron de Caters in Frankfurt ein und läßt jenseits des Bahndammes am Rebstock seinen Motor warmlaufen. Der Belgier trainiert für die Flugwoche, die Anfang Oktober die ILA spektakulär beschließen soll. Latham erscheint. Und Blériot mit dem zierlichen Eindecker. Der Höhenflieger Rougier soll es schon auf ein paar hundert Meter gebracht haben. Aus Dänemark kommt Nervö, aus Italien Signor Calderara.

Hubert Latham bleibt den Beweis seiner Flugtüchtigkeit schuldig. Tagelang rollt sein Apparat hinter der neuen Festhalle auf und ab, und nicht ein einziges Mal kommt er richtig vom Boden los. Er reist verärgert ab.

Daß die Ausländer diese Konkurrenz unter sich ausmachen werden, steht fest. Die rückständigen Deutschen! »Das deutsche Volk«, behauptet ein ahnungsloser Fachjournalist, »ist zum Fliegen nun einmal nicht geboren. Die wendigeren Franzosen sind uns von Natur aus in dieser Kunst überlegen.« Er weiß noch nicht, daß vier Jahre später ein französischer Kollege lamentieren wird: »Es scheint beschlossene Sache zu sein, daß die Flieger von jenseits des Rheins über uns triumphieren.«

Anfang September ist Karl Jatho in Frankfurt. Der städtische Beamte aus Hannover, der wegen seiner vielen Sturzverletzungen frühzeitig pensioniert werden wird, hat auch diesmal Pech. Am 13. September macht er Bruch und verläßt die ILA.

Ein einziger Deutscher geht in das ziemlich aussichtslose Rennen. Es ist ein untersetzter, drahtiger Vierziger, Vater von fünf Kindern, der meistens brummig vor seinem Flugschuppen steht und mit Schraubenschlüsseln hantiert. Die Zeitungen haben ihn in den letzten Wochen fast zur Witzblattfigur gemacht. Der Mann mit dem Fliegertick! August Euler rackert sich auf dem Flugfeld der ILA mit Startversuchen ab, aber es scheint ihm nicht besser als Latham zu ergehen, der Vogel wird und wird nicht flügge. Wenn Euler seine Maschine besteigt, läßt er Schuhe, Jackett und Brieftasche zurück, um nur leicht genug zu sein. Er benutzt wie de Caters einen Voisin-Apparat, den er in Darmstadt nachgebaut hat, aber die Gebrüder Voisin, seine französischen Lizenzgeber, haben ihm – aus Versehen? – falsche Abmessungen genannt. Euler baut um. Die neugierigen Frankfurter sind Zeugen seines Kampfes gegen die Schwerkraft. »August, laß das Fliegen sein«, liest er in einer bissigen Glosse. Wütend rennt er in die Redaktion und droht Klage an. »Lerne fliegen, ohne zu klagen«, heißt die nächste Glosse.

Der Sportsmann Euler jagt dem Erfolg nach, den der Geschäftsmann Euler braucht. In der Festhalle, wo die lächerlichsten Flugmaschinen ausgestellt sind, Apparate, die nie fliegen werden, hat auch Euler einen Stand gemietet, einen der größten. Die »Euler Flugzeugwerke«, 1908 gegründet, bieten vier Drachenflugzeuge zum Verkauf an, halb Voisin, halb Euler, außerdem drei Gleitflieger. Die erste deutsche Flugzeugfabrik hat die Produktion aufgenommen, noch ehe ihr Chef die Brauchbarkeit seiner Produkte ganz ergründet hat.

Am 20. August 1909 endlich meldet die Frankfurter Zeitung: »Herr Euler ließ heute morgen kurz nach 5 Uhr seine neue, ganz nach seinen Angaben erbaute Maschine aus der Halle bringen, erprobte noch einmal kurz den Motor und setzte sich dann in der Richtung auf den Rebstöcker Wald in Bewegung. Mit großer Geschwindigkeit bewegte sich der Flugapparat vorwärts, stieg nach kaum 50 Meter Anlauf sanft in die Luft, überflog in 6 bis 8 Meter Höhe die ganze Länge des Flugplatzes und landete in langsamem Abstieg glatt und ohne Schwierigkeiten dicht am Walde. Wer den rastlosen Fleiß kennt, den Herr Euler schon seit Monaten auf die Entwicklung der Flugtechnik verwendet, wird sich aufrichtig freuen über den Erfolg des ersten deutschen Fliegers.« Dazu der nationale Hinweis: »Allerdings wurde der Flug nicht mit dem französischen Aeroplan ausgeführt, sondern mit einer von Herrn Euler hier in Frankfurt erbauten, lediglich aus deutschem Material und mit deutschen Mechanikern hergestellten Flugmaschine. Deshalb ist der Erfolg so bemerkenswert.«

Am 3. Oktober beginnt die Flugwoche. Blériot, der an einem dieser Tage eine Stunde und zwölf Minuten in der Luft bleibt, gewinnt sieben Preise und kassiert 23 900 Mark. Aber de Caters schlägt ihn noch und bringt es auf 47 500 Mark. Auch Euler hat gezeigt, daß er schon Kreise ziehen kann. Am Ende des Wettbewerbs hat er nicht nur einen »Aufmunterungspreis« der Familie Th. Stern, sondern auch einen Tagespreis für den längsten Flug errungen. Die Frankfurter feiern ihren ersten Lufthelden, als sei er der Graf Zeppelin.

Über August Euler, der doch erst fünfundzwanzig Jahre tot ist, gehen heute die tollsten Geschichten um. Schon hören sich seine

Abenteuer wie Münchhausiaden an – aber siehe da, sie sind fast alle wahr. Euler hat den Russen das Radfahren beigebracht und für Max Reinhardt Chansons geschrieben. Er gewann Autorennen und Tanzturniere und eine holländische Boxmeisterschaft. Aber den ewigen Ruhm hat er sich mit der Fliegerei eingehandelt, deren zähester und erfolgreichster Schrittmacher er war.

August Euler ist am 20. November 1868 in Oelde geboren, in Westfalen, dem Land der Dickschädel. Seine Vorfahren stammen vom Bodensee, und unter ihnen ist auch Leonhard Euler, ein berühmter Mathematiker im achtzehnten Jahrhundert.

Der junge technische Kaufmann August Euler hat nicht nur eine Ader für alles Mathematische, er ist ein erfinderischer Draufgänger. Er münzt seine sportlichen Erfolge in geschäftliche Erfolge um. Als Vertreter der gerade entstandenen Fahrradindustrie fährt er Radrennen. Er führt das neue Verkehrsmittel in Rußland ein, wo einige Leute vor Schreck auf die Knie sinken, als sie den Fremden auf zwei Rädern balancieren sehen. In Japan lernt Euler Jiu-Jitsu, aus China ist nichts Näheres bekannt.

Dann kommen die Automobile. Euler verkauft sie und zeigt, wie schnell sie fahren, er wird Autorennfahrer. Als er sich 1905 in Frankfurt selbständig macht, sind unter seinen Auftraggebern bedeutende französische und deutsche Firmen. Er monopolisiert den Vertrieb von Autokonstruktionsteilen, verhilft dem neuartigen Bosch-Magnetzünder zu großer Verbreitung und bringt den hochwertigen Chromnickelstahl aus Frankreich auf den deutschen Markt. Euler ist ein gemachter Mann. Vierzig Jahre später wird er sagen: »Ich bin immer ein Abenteurer gewesen, mit meinem redlich verdienten Geld habe ich mir Gefahren erkauft.«

Die Gefahren liegen in der Luft. Phantasiebegabte Reporter berichten von den ersten schrecklichen Unfällen, sie wollen Hilferufe aus der Luft gehört und Flugzeugtrümmer gesehen haben, die sich metertief in den Boden bohrten.

August Euler hat längst Feuer gefangen. Einen eigenen Apparat konstruieren? Die Zahl der flugtechnischen Erfindungen geht schon in die Hunderttausende, ist dem »Flugsport« zu entnehmen. Wer da noch ein Wort mitreden will, fängt besser mit einem bewährten Muster an. Das gibt es schon. In Biliancourt bei Paris haben die Gebrüder Voisin eine Flugmaschinenfabrik eröffnet. Euler kauft 1908 eine Lizenz. Der befreundete General von Eichhorn verschafft ihm das passende Versuchsgelände, den Griesheimer Sand bei Darmstadt, Truppenübungsplatz des 18. Armeekorps.

Den dreißig Meter hohen Feldherrnhügel benennt Euler »Chimborasso«; dort hat er schon Lilienthalsche Experimente mit Kastendrachen unternommen. Man läuft, erzählt er, mit Hilfe von zwei bis drei Mann flott gegen den Wind an und schwebt dann bis zu fünfzig Meter weit.

Schon in die ersten Voisin-Apparate baut er eigene Ideen ein. Ein Modell wird mit einem deutschen Adler-Motor ausgerüstet. In Frankreich greifen patriotische Zeitungen die Voisins an, die einem Deutschen den Nachbau ihrer Apparate erlauben, und schließlich erhebt auch noch das Pariser Kriegsministerium Einspruch.

Der Verlust seiner Lizenz und die ILA haben den zielstrebigen Euler beflügelt. Was nun aus seiner Werkstatt rollt, wiegt kaum mehr als die Hälfte der Voisin-Flugmaschine. Euler inseriert: ». . . eine rein deutsche Konstruktion . . . war die erste deutsche Flugmaschine, welche einen einwandfreien offiziell kontrollierten Flug geradeaus und Rundflug machte . . . nicht schwerer zu steuern als ein Automobilwagen . . .« Manchmal findet man auch den eigenwilligen Zusatz: »Als Motor wird der teuerste, leichteste und erfolgreichste der Welt ohne Wasserkühlung verwendet. Auf unausredbaren Wunsch der Käufer wird die Euler-Flugmaschine mit 4 cyl. wassergekühltem Motor zum Preise von 10000 DM, also um den halben Preis einer regulären Euler-Flugmaschine, geliefert.« Sollen die Kunden entscheiden, ob ihnen ihr Kopf mehr wert ist als ihr Geld!

Am Rand des fünf Kilometer langen Flugplatzes steht ein Schieferhaus mit Pilotenlehrzimmer. Im Parterre wohnt Euler, im ersten Stock sein Angestellter Helmuth Hirth, der spätere Rekordflieger. Der erste Flugzeugfabrikant ist Herr über eine Montagehalle, elektrische Werkzeugbänke und bald sogar über mehrere Flugschüler, die sein pädagogisches Talent loben.

Am 31. Dezember 1909 gibt der Deutsche Luftfahrer-Verband die Bedingungen für das internationale Flugzeugführerpatent bekannt. Eine Stunde später sitzt Euler im Führersitz seines neuesten Apparates und läßt den Propeller anwerfen. Dreimal hintereinander fliegt er je zwei Platzrunden von sieben Kilometer

Länge, zwischen zehn und dreißig Meter hoch. Die Prüfungskommission beglückwünscht ihn stürmisch. Mit dem Datum vom 1. Februar 1910 erhält der Ingenieur August Euler das deutsche Flugzeugführerzeugnis Nummer 1, ein sechssprachiges Dokument, in dem alle Zivil- und Militärbehörden um Hilfe und Schutz für den Inhaber ersucht werden. Der Inhaber setzt unter sein strengblickendes Konterfei mit Zwicker eine markige Unterschrift.

Im November 1910 fragt ihn ein etwas schüchterner Herr, wie das mit dem Fliegenlernen sei. Gut, sagt der gestrenge Euler, aber nur unter der Bedingung, daß Sie strikt alle meine Befehle ausführen. Der etwas schüchterne Herr ist Prinz Heinrich von Preußen, Bruder des Kaisers und Großadmiral.

Prinz Heinrich, immerhin schon 48 Jahre alt, wird Eulers prominentester Schüler. Nach einer Woche theoretischem Unterricht folgen, wie Prinz Heinrich nachher berichtet, »Exerzitien an dem stehenden Flugapparat zur Erlernung der Handgriffe«. Als Heinrich seinem Lehrer beichtet, er könne nachts nicht mehr schlafen, weil ihm die Flugmaschinen wie Mühlräder im Kopf herumgingen, ist Euler sehr zufrieden. Das muß so sein, meint er. Für den angehenden Aviatiker findet er die schlichte Formel: »Nicht nur Prinz, sondern auch Mensch.« Der erste Flugversuch des menschlichen Prinzen endet mit einer halben Bruchlandung.

Der letzte gute Rat, der Euler vor dem Start eingefallen ist, heißt: »Und denken Sie vor allem daran, daß Sie meine 22000 Mark unter Ihrem Hintern haben.« Am 28. November erwirbt die Königliche Hoheit das Pilotenzeugnis Nummer 38. »Soviel steht fest«, resümiert er, »daß ich mir einen besseren, gewissenhafteren Lehrer als Euler kaum denken kann.«

Euler baut sein Werk rastlos aus. Von der Stadt Frankfurt pachtet er ein 100000 Quadratmeter großes Gelände in Niederrad, dicht am Main, dort, wo heute die Goldsteinsiedlung liegt. Hier entsteht seine zweite Flugzeugfabrik mit fünf Hallen und Werkstätten. Er investiert 1,5 Millionen Mark aus der eigenen Tasche. Der neue Euler-Flugplatz wird eine Frankfurter Attraktion, nicht nur für die kleinen Jungen, die Schule schwänzen.

Als die Stadtverwaltung ablehnt, eine Wasserleitung zu Eulers Fabrik zu legen, schreibt er einen bitterbösen Brief an den Oberbürgermeister Adickes: »In hundert Jahren wird irgendein Mann in Ihrem Stadtparlament aufstehen und vorschlagen, diesem Pionier des Fliegens, August Euler, ein Denkmal zu setzen. Ich und alle meine Piloten verbitten uns jetzt schon dieses Denkmal, weil man uns im Leben das Wasser nicht reichen wollte.« Adickes notiert: »Dem Manne ist die Wasserleitung sofort gratis zu verlegen.«

1910 hat Euler einen Reichsverband der Deutschen Flugzeugindustrie gegründet, dessen Präsident er sieben Jahre lang bleibt. Er stellt mit 3 Stunden, 6 Minuten, 18 Sekunden einen ersten deutschen Dauerrekord im Fliegen auf. An der Göttinger Universität hält er Vorträge über den Maschinenflug, womit er einen entscheidenden Anstoß zur Gründung der »Flugwissenschaftlichen Gesellschaft« gibt. Bevor die Militärs in Berlin eine Luftwaffe schmieden, bildet Euler in Darmstadt schon Fliegeroffiziere aus. »Reif für Euler« ist in den vornehmen Frankfurter Regimentern das Stichwort für verwegene, tatendurstige Leutnants.

Im Leib-Dragoner-Regiment Nr. 24 dient der Leutnant Feries von Hiddessen, der 1910 seinen Pilotenschein und 1912 Schlagzeilen macht. Mit Erlaubnis und unter amtlicher Kontrolle der Kaiserlichen Reichspost befördert er am 10. Juni einen Postsack von Niederrad nach Darmstadt, am nächsten Tag nach Worms und Mainz. Das Flugzeug ist eine Eulerkonstruktion mit gelber Bespannung, der »gelbe Hund«. Der Luftpostverkehr wird probeweise für eine Woche betrieben; Euler trägt die Unkosten, ein Drittel der Gewinne geht an die Reichspost, zwei Drittel spendet er für ein Säuglingsheim. Die teuerste Luftpost-Karte kostet drei Reichsmark.

1912 ist das Jahr der Nationalflugspende. Ein Reichskomitee, dem Prinz Heinrich angehört, bringt in sechs Monaten über sieben Millionen Mark zusammen. Den Flugtechnikern winkt staatliche Unterstützung. Der Staat hat erkannt, was Wilbur Wright von Anfang an wußte: Flugmaschinen sind Kriegsmaschinen. Und die Franzosen wissen es auch.

1914 kauft Euler das gepachtete Gelände und baut Militärflugzeuge, in seinen Fabrikhallen wird Tag und Nacht gearbeitet. Unter den hundert Patenten, die Euler besitzt, stammt eines aus dem Jahr 1910, es trägt die Nummer 248601 und bezeichnet ein starr im Flugzeug eingebautes Maschinengewehr; der Pilot kann mit dem ganzen Flugzeug zielen und durch den Propeller schießen.

Die Erfindung wird später irrtümlich dem holländischen Konstrukteur Fokker zugeschrieben.

Bis 1918 hat Euler 21 verschiedene Flugzeugtypen gebaut und eingeflogen, Eindecker, Zweidecker, Dreidecker, Vierdecker. 75 Piloten sind bei ihm ausgebildet worden. Der Versailler Vertrag beendet den Höhenflug des Fliegers und Flugzeugbauers Euler. Die Franzosen legen seine Werft still, die Stadt Frankfurt kauft das Gelände in den zwanziger Jahren für eine Million Goldmark von Euler zurück.

Euler ist fünfzig und wird Staatsmann. Der neue Staatssekretär des Reichsamtes für Luft- und Kraftfahrwesen, den die Technische Hochschule Braunschweig zum Dr.-Ing. e. h. promoviert hat, kümmert sich um die zivile Resteverwertung der deutschen Flugzeugindustrie. Zwei Jahre lang waltet er seines undankbaren Amtes, überlebt 42 Parteiminister und verfaßt zusammen mit anderen Experten die erste deutsche Luftverkehrsordnung.

Den sechzigsten Geburtstag, 1928, feiert Euler in der Frankfurter Forsthausstraße als Privatier. Die Südwestdeutsche Luftverkehrs AG, die Lufthansa und der Frankfurter Verein für Luftfahrt schicken ihm drei Flieger übers Haus, die Blumensträuße abwerfen, während drinnen Parseval und Eckener, Junkers, Rumpler und Fokker gratulieren. Euler zieht sich in den Schwarzwald zurück, ins Euler-Haus auf dem Feldberg.

Fünf Minuten vor zwölf, 1939, will das Volk der Flieger noch einmal die Vorkriegsaviatiker, die »Alten Adler«, bewundern und lädt sie zu einem Großflugtag auf den Frankfurter Rebstock ein. Euler hält im Römer eine bewegte Rede, und der siebzigjährige Hans Grade fliegt in seinem Aeroplan Ehrenrunden. Grade? Um (und zwischen) Euler und Grade hat es nach 1909 viel Gezänk gegeben. Wer flog zuerst?

Der Ingenieur Grade hat bereits im November 1908 auf dem Magdeburger Exerzierplatz eine Weite von sechzig Metern erreicht. Er ließ sich zwar auf der ILA nicht blicken, gewann aber kurz danach, am 30. Oktober 1909, als einziger Bewerber den 40000-Mark-Preis des Mannheimer Großindustriellen Karl Lanz. Verlangt war ein gesteuerter Kurvenflug mit einer »rein deutschen Flugmaschine«; dabei wiederum ließ Euler sich nicht blikken. Auch Grade, der nach Johannisthal ging, war Konstrukteur und Fluglehrer und inszenierte noch vor Euler einen Postflug von

Bork nach Brück, allerdings ganz privat. Euler nannte das etwas abfällig »Postspielerei«. Eulers Frankfurter Experimente wiederum fanden am Anfang auch nur die halbe Anerkennung, weil er mit Hilfe der Franzosen fliegen lernte und nicht »rein deutsch« vorging.

An Grade schreibt Euler einmal recht versöhnlich: »Wer von uns beiden die Erde zum ersten Mal verlassen hat, würde ich kaum feststellen wollen, denn ich habe meine ersten Flüge nicht für Flüge gehalten, weil ich jeden Tag hoffte, besser zu fliegen. Ob Sie oder ich zuerst einige Meter weit und einige Zentimeter hoch geflogen oder gehopst sind, wer will sich mit dieser Feststellung befassen? Ich glaube, ich habe früher gehopst als Sie, aber ich will darauf nicht bestehen. Unsere alte, reine Sportskameradschaft ist mir mehr wert!«

Im Schwarzwald genießt Euler einen langen Lebensabend. Die Ruhelosigkeit seines Naturells verfliegt nicht so leicht. Er treibt tausend Dinge und kennt tausend interessante Leute. Mit siebzig spielt er noch Tennis, reitet, tanzt und läuft Ski; man sieht ihn mit dem Motorrad oder dem Schneepflug durch den Wald fahren; er hat gern Gäste, denen er eigene Lieder vorträgt; er spielt Geige, Mandoline, Klavier. Und er ist voller Geschichten. Zum Beispiel:

Auf der ILA wartet er gerade auf gutes Wetter, wer spricht ihn da an? Ein Adjutant der Königin-Mutter von Holland. Ihre Königliche Hohet beliebten, endlich einen Flug zu sehen. Zu windig, sagt er. Aber die Fahnen hängen doch schlapp herunter, erwidert der Adjutant. Tja, sagt Euler, Sie kennen die Frankfurter Lausbuben nicht; die nähen Steine in die Fahnentücher, um uns Flieger zu täuschen. Ausrede, sagt der Adjutant. Zum Donnerwetter, braust Euler auf, Jahrtausende haben darauf gewartet, einen Menschen fliegen zu sehen. Da werden sich Ihre Königliche Hoheit auch noch ein bißchen gedulden können.

1952 verleiht der Bundespräsident dem Flugpionier August Euler das Großkreuz des Bundesverdienstordens. Euler, der sich auf das waghalsigste Abenteuer seiner Zeit eingelassen hat, wird 88 Jahre alt. Über den Schwarzwald ziehen die großen Düsenflugzeuge. Euler erkrankt an einer Urämie und stirbt am 1. Juli 1957. Als man den alten Herrn auf dem Frankfurter Hauptfriedhof in ein Ehrengrab legt, kreist über dem Nordend ein Sportflugzeug. An die Tragflächen hat der Pilot lange, schwarze Bänder gehängt.

Der fliegende Narr startet heute

Charles Lindbergh

Als ich noch in die Schule ging, hielt ich Louis Armstrong und Charles Lindbergh für die größten Männer Amerikas. Die Idole, die man hat, wechseln mit der Zeit und mit dem Alter – keine Ahnung, wie der Flieger neben den Trompeter kam.

Später, als ich Lokalreporter war, habe ich einmal ein Interview mit Louis Armstrong gemacht. Für die Leser kam nicht viel dabei heraus. Er war total erschöpft nach seinem Frankfurter Konzert. Ein kleiner alter Mann, der beim Atmen ächzte. Seine Stimme saß tief unten im Hals, ich verstand nur die Hälfte. Well, ich mache das noch ein Jahr oder so, es nimmt mich doch schon verdammt mit, sagte er. Damals war er zweiundsechzig. Er machte es noch neun Jahre lang.

Charles Lindbergh war in den sechziger Jahren oft in Frankfurt. Ich hätte was darum gegeben, ihm die Hand zu schütteln. Tony Lutz, der die Pressearbeit bei Pan American machte, sagte immer nur: »Tut mir unheimlich leid, aber Lindbergh hatte überhaupt keine Zeit.« Ich wußte, daß Tony log, und er wußte, daß ich es wußte. Dem Ozeanflieger Lindbergh waren Journalisten zuwider. Er gab keine Interviews. Er machte sich aus dem Staub, wenn nur jemand das Wort »press« aussprach. Wer seine Geschichte kennt, weiß, warum Lindbergh mir entgangen ist.

Charles Lindbergh ist tot. Kein Interview. Nur ein Nachruf.

Ein großer, schlaksiger Junge mit Kindergesicht und blonden Haaren, ein Sonnyboy, wie ihn sich die Leute zum Sohn wünschen, eher schüchtern: keiner von denen, die laut auftreten und glauben, daß die Erde von ihrem Schritt widerhallt. Mit zwanzig Jahren lernt Lindbergh fliegen. Er ist besessen davon. Die Lebenserwartung eines Piloten liegt bei tausend Flugstunden. Früher oder später wird er sich das Genick brechen: das ist die Bedingung, und er akzeptiert sie. Tausend Stunden am Himmel sind vielleicht mehr, als man von einem langen Leben am Boden erhoffen kann.

Drei Jahre später, 1925, reist er als geflügelter Landstreicher durch die Provinz. Auf einer Wiese am Missouri laufen die Zuschauer zusammen. »Damen und Herren«, brüllt der Kassierer, »jetzt steigt Captain Lindbergh zu einer Reihe von todesverachtenden Kunststücken auf. Er fliegt kopfunten und kopfoben. Es gibt keine Nummer, die er nicht macht. Aufgepaßt! Schon haut er ab!« Von irgend etwas muß ein Flieger leben, bevor seine Zeit gekommen ist.

Er wird als Postflieger eingestellt. Der Job ist nicht weniger gefährlich als die Luftstreicherei, nur seriöser. Lindbergh schindet sich zuverlässig durch jede Wetterfront zwischen St. Louis und Chikago. Bald hat er zweitausend Flugstunden. Mit 24 Jahren gehört er zu den Veteranen der Luft. Auf den einsamen Nachtflügen sieht er wenig, denkt er viel. Er kalkuliert die Möglichkeiten der beginnenden Verkehrsluftfahrt. Die Ozeane überbrücken? Lindbergh wäre der richtige Pilot, denkt Lindbergh. »Was immer ein Mann erträumt, kann er erreichen.« Ein Flug nach Europa. Er steht im Bann dieser Idee, und sie läßt ihn nicht mehr los. Als der schlaksige Junge aus Amerika am 21. Mai 1927 spätabends in Paris landet, hallt die Erde von seinem Ruhm wider. Der Triumph ist so groß, daß Lindbergh vor sich selber erschrickt.

Sein Flug über den Ozean löst eine Epidemie von Heldenverehrung aus. Der Ruhm nagelt ihn fest im Alter von 25 Jahren. Spielt es noch eine Rolle, daß der Jüngling weiterlebt, nachdem er in die Geschichte eingegangen ist, daß er älter wird: ein ernster, kaum gebeugter Mann, viel auf Reisen, Mitglied eines Aufsichtsrats? Charles Augustus Lindbergh wird 72 Jahre alt.

Seine historische Leistung besteht darin, daß er als erster die beinahe 6000 Kilometer lange Strecke von New York nach Paris durchfliegt. Er hat eine unglaubliche Zähigkeit und ein unglaubliches Glück. Pessimisten geben ihm vor dem Start eine Chance von eins zu tausend. Lindbergh bekennt später: es war Wahnsinn. Er überlebt, weil die Wahrscheinlichkeitsrechnung versagt. Sämtliche unbekannten Größen dieses Abenteuers erweisen sich als ideale Größen. Heldentum ist Zufall. Wer Pech hat, gerät ehrenvoll in Vergessenheit, wer es schafft, den machen sie zum Halbgott.

1926 träumt nicht nur Lindbergh von Paris. Es ist sieben Jahre her, seit die Engländer Alcock und Brown mit einem Vimy-Kriegsbomber von Neufundland nach Irland geflogen sind. Damals hat ein reicher Franzose, Raymond Orteig, einen 25 000-Dollar-Preis ausgesetzt: für den ersten Piloten, der die Distanz New York–Paris nonstop zurücklegt. Die Technik ist fortgeschritten,

Paris ist nicht mehr bloße Utopie. Auf beiden Seiten des Atlantiks bereiten sich berühmte Piloten auf das Wagnis vor, darunter Commander Byrd, der gerade den Nordpol überflogen hat, und der französische Jagdflieger Nungesser. Lindbergh ist ein namenloser Außenseiter.

Er besitzt nicht einmal ein Flugzeug. In St. Louis findet er Geldgeber, Bankiers und Geschäftsleute, die sich auf das große Pokerspiel einlassen. Seine Verhandlungen mit der Industrie scheitern: Fokker und Bellanca haben eigene Pläne und eigene Piloten. An seinem 25. Geburtstag erhält Lindbergh aus San Diego, Kalifornien, das Telegramm, das die Sache entscheidet: die Ryan Company ist bereit, ihm ein Flugzeug nach Maß zu bauen. Es kostet einschließlich 220-PS-Whirlwind-Motor 10580 Dollar. Ryan ist eine kleine, unbekannte Firma. Lindbergh schlägt ein und zieht nach San Diego. Chefkonstrukteur Hall und seine Männer brauchen zwei Monate, um aus Lindberghs vagen Skizzen ein fertiges Flugzeug zu machen. Es wird »Spirit of St. Louis« getauft.

Ein stabiler, schnittiger Eindecker, nur acht Meter lang, einmotorig – und damit über den Atlantik? Hinter einem riesigen Tank ein winziges Cockpit, der Pilot kann nicht nach vorn sehen. Lindbergh läßt nur die nötigsten Instrumente einbauen, er verzichtet auf Funkgerät und Sextant und vor allem: auf einen Navigator. Er ist der einzige Orteig-Bewerber, der unterwegs alles allein meistern will. Jedes Gramm wird in Sprit angelegt. Die Maschine soll mit 1600 Litern Benzin vollgepumpt werden, ein fliegendes Benzinfaß. »Für mich ist die ganze Zukunft der Luftfahrt in ihr enthalten.« Am 28. April startet er zum Erstflug.

Nach einer flüchtigen Erprobung hetzt Lindbergh nach New York. Zwischenlandung in St. Louis. Die Zeitungen berichten täglich von startbereiten Ozeanfliegern, er hat Angst, er könnte sein Schicksal verpassen. Der Rekordflug über den ganzen Kontinent hinweg macht Schlagzeilen. Zum erstenmal wird der Postflieger Lindbergh von einer größeren Öffentlichkeit wahrgenommen. Die rotznäsigen Reporter der New Yorker Asphaltpresse machen sich lustig über diesen unverschämt jungen, kindergesichtigen Narren, der mit einem einzigen Motor den Atlantik in die Schranken fordern will. »Das fliegende Baby wird aus Paris schreiben«, so amüsieren sie ihre Leser. Zwei Amerikaner sind bei den Vorbereitungen eines Paris-Flugs tödlich verunglückt. Nungesser und sein Begleiter Coli, die am 8. Mai in Paris starteten, sind verschollen. Plötzlich sieht alles nach einem Wettrennen aus. Amerika fiebert, Europa fiebert, über dem Atlantik toben schwere Unwetter. Byrds Fokkermaschine, Chamberlins Bellanca und Lindberghs »Spirit« stehen startbereit in New York. »Der fliegende Narr startet heute«, liest Lindbergh in der Zeitung. Wieder eine Nachricht über ihn, die nicht stimmt. Es wird noch eine Woche dauern.

Mitten in einer regnerischen Nacht, in der er kein Auge zugetan hat, fährt er zum Flugplatz, es regnet, und tiefe Wolken ziehen über die Stadt, aber die Meteorologen kündigen an: »aufklarend über dem Atlantik«. Die Konkurrenten schlafen. Lindberghs Stunde ist gekommen. Das Abfluggewicht der Maschine beträgt 2,3 Tonnen, gut die Hälfte ist Treibstoff. Schwer wie ein Lastwagen sinkt der Vogel auf der nassen Erde ein. Am 20. Mai, 7.52 Uhr, löst sich der überfrachtete Apparat von der amerikanischen Erde, und vieles spricht dafür, daß man ihn nie wiedersehen wird.

Lindbergh fliegt 33 Stunden und 32 Minuten. Um seine Leistung zu ermessen, muß man seinen biographischen Bericht kennen. »Mein Flug über den Ozean«, 1953 erschienen und mit dem Pulitzerpreis ausgezeichnet, »ist eines der großartigsten Selbstzeugnisse, die unsere Zeit hervorgebracht hat, und wenn es mit rechten Dingen zuginge, müßte es das meistgelesene Buch der Gegenwart werden« (Sieburg). Allein mit dem Kompaß navigiert Lindbergh die Maschine über einen Großkreis der Erdkugel, das heißt: er muß nach jeder Stunde den Kurs ändern. Europa ist das Ergebnis einer Rechenaufgabe. Das Cockpit erlaubt keine überflüssige Bewegung. Lindbergh hat vieles bedacht, nur nicht, daß sein Körper unter den Strapazen versagen könnte. Er wird zu einem Traumwandler zwischen Gewittern, Nebelfeldern und Wolkengebirgen. Die Müdigkeit martert ihn. »Ich habe mich niemals so furchtbar danach gesehnt zu schlafen.« Er hält sich die Augen mit den Fingern auf. »Ich habe die Herrschaft über die Lider verloren.« Kompaß, Fahrtmesser und Wendezeiger pendeln ohne Kontrolle, seine Energie reicht kaum mehr, den Kurs zu korrigieren. Er schlägt sich ins Gesicht, spürt nichts, es scheint abgestorben. Nach 26 Stunden, wie aus einer fremden Welt zurückkehrend, sieht er Fischerboote. Er stößt hinunter und schreit seine Frage: »Wo geht's nach Irland?« Und keine Antwort.

Er erreicht die irische Küste an der Dingle Bay, kaum fünf Kilometer vom errechneten Kurs, zwei Stunden vor der Zeit, und er empfindet es wie eine Wiedergeburt. Nach 32 Stunden beißt er zum erstenmal in ein Brot. Der Nachtflug über Frankreich ist leicht, klares Wetter, er findet Paris und umkreist den Eiffelturm, er findet den Flugplatz Le Bourget und sieht, als er gelandet ist, wie eine Woge schreiender Menschen sich auf den Platz ergießt. Vorher hat er noch gedacht: Ich bin zu früh, niemand wird mich erwarten. Es warten mehr als hunderttausend. Das Wunder seiner Ankunft entfesselt die Massen, die Maschine splittert unter ihrem Ansturm. Der unverschämt junge, kindergesichtige Held erobert Frankreich ohne Visum und Zahnbürste. Er hat 63 Stunden hintereinander nicht geschlafen, als er gegen Morgen ins Bett kommt.

Ein paar Tage später landet die »Bellanca« mit Chamberlin und Levine in Deutschland, sie hat Berlin verfehlt. Auch Byrd kommt über den Ozean, aber er muß an der Küste herunter. In den folgenden Monaten zählt man dreißig Versuche, den Atlantik zu bezwingen, viele gelingen, kein einziger trifft ins Ziel. Achtzehn Männer und eine Frau kommen um. Bei jedem neuen Versuch wird das Wunder Lindbergh größer. Er hatte von allen die schlechteste Ausrüstung.

Lindberghs Flug ist eine Pioniertat des Jahrhunderts. Mit Lindbergh hört das traditionelle Abenteuer auf: der waghalsige Einzelgänger, der sein Leben für seine Idee einsetzt – und mit Lindbergh beginnt das moderne technische Abenteuer, das von einem Team anonymer Spezialisten vorbereitet wird und dessen Helden nur noch als weisungsgebundene Angestellte fungieren. Lindberghs Motiv ist der reale Wunsch, das Geld zu kassieren; gleichzeitig verspricht er sich eine Förderung der Luftfahrt. Sein Motiv ist aber auch die Annahme der irrealen Herausforderung: erster zu sein, etwas zu wagen, was noch kein Mensch geschafft hat.

Friedrich Sieburg, der Lindberghs Sieg in Le Bourget miterlebt, schreibt später, dieser Flug habe die Welt verändert. Und dann: »Den strahlenden Amerikaner, der einst wie ein Halbgott mit unsterblichen Flügelschlägen den Ozean überflogen hat, holte der Fluch der Publizität ein und schlug ihn zu Boden.«

Am 1. März 1932 wird Lindberghs neunzehn Monate alter Sohn entführt. Der Fall empört einen ganzen Erdteil. Die Lindberghs stürzen von ihrem Gipfel des Glücks in einen Abgrund. 1929 hat der Flieger die Millionärstochter Anne Morrow geheiratet, eine hübsche, kluge Frau, die sich als Schriftstellerin selbst einen Namen machen wird. Eine Fahndungsaktion, wie es sie noch nie gegeben hat, hält Amerika in Atem. Lindbergh zahlt 50000 Dollar Lösegeld. Der Gangster Al Capone bietet aus dem Gefängnis seine Hilfe an. Am 12. Mai wird die knappe Schlagzeile gedruckt, die jeder Amerikaner auf Anhieb versteht: »Baby dead«. Die Leiche ist gefunden worden; wahrscheinlich kein Mord, sondern ein Unglück während des Raubs. Die »Lindbergh Kidnap Act« ist erlassen worden, für Menschenraub wird die Todesstrafe verhängt. Am 3. April 1935 wird der illegal aus Deutschland eingewanderte Richard Hauptmann auf dem elektrischen Stuhl hingerichtet. Man hat ihm einen Indizienprozeß gemacht, er leugnet bis in den Tod. Ist er das Opfer eines von der Massenhysterie erzwungenen Justizirrtums geworden?

Lindbergh fürchtet für das Leben seines zweiten Kindes. Er verbirgt seine Familie vor der Öffentlichkeit. Als er die Belästigung der Reporter nicht mehr erträgt, flieht er nach Europa. Zusammen mit dem Nobelpreisträger Alexis Carrel arbeitet er an der Konstruktion eines künstlichen Herzens. Eine Insel im Kanal wird sein Refugium.

Lindberghs Leben umfaßt die gesamte Fluggeschichte. Als er 1902 in Detroit geboren wird, fangen die Wrights mit ihren Flugversuchen an. Lindberghs Vater ist Anwalt und wird Abgeordneter des Kongresses. Der Großvater, aus Schweden eingewandert, wo er Mitglied des Parlaments und königlicher Sekretär war, erlebte noch die Überfälle der Indianer. Ein Leben, das mit 25 im Zenit steht, muß in die Mittelmäßigkeit zurücksinken, und sei es die Mittelmäßigkeit eines vortrefflichen Staatsbürgers. Als Sonderbeauftragter des Kriegsministeriums reist Lindbergh nach Paris, Berlin und Moskau. Er ist Gast Görings und interessiert sich brennend für die Erzeugnisse der deutschen Flugzeugindustrie. Roosevelt nennt ihn öffentlich einen Defaitisten, weil er sich gegen einen Kriegseintritt der USA ausspricht. Lindbergh nimmt seinen Abschied als Reserveoffizier. Als ziviler Testpilot taucht er an der Pazifikfront auf und fliegt Einsätze gegen die Japaner. Seine Rolle bleibt undurchsichtig.

Nach dem Krieg widmet er sich der Raketentechnik. Eisenhower befördert ihn zum Brigadegeneral, womit Lindbergh rehabilitiert ist. Er scheut die Presse, er fürchtet immer wieder, er werde hereingelegt; seine Erfahrungen sind bitter. Der einstmals schlaksige Junge mit dem Kindergesicht rückt zu den führenden Männern der Fluggesellschaft PanAm auf.

In seinem Buch schreibt er: »Wenn wir die Luftfahrt entwikkeln; wenn wir aus ihr eine Form des Handels machen; wenn wir die wilde Freiheit ihrer Gefahr in die zivilisierten Bande der Sicherheit schlagen – müssen wir dafür auf das Wunder der Luft verzichten? Werden die Menschen der Zukunft den Himmel durcheilen, ohne zu sehen, was ich sah? Ohne zu fühlen, was ich fühlte? Sollte dies etwa für alles gelten, was wir den menschlichen Fortschritt nennen: daß die Götter weichen, wo Handel und Wissenschaft vorwärts schreiten?«

Es gilt. Lindbergh ist ein Pionier auf dem Weg dahin gewesen.

Die Frau des Rennfahrers

Elly Beinhorn

Man kann sich denken, daß die jungen, übermütigen Flieger bei den himmlischen Schutzengeln nicht gerade beliebt sind. Sie machen nichts als Arbeit. Der Schutzengel, der damals den Job bei Elly Beinhorn bekam, dürfte in den dreißiger Jahren kein Auge zugetan haben. Seine Schutzbefohlene war ein besonders krasser Fall, weil sie unentwegt notlanden mußte, nicht nur zu Hause in Deutschland, sondern auf den entlegensten Äckern der Welt. Dem armen Teufel von Engel blieb nichts erspart. Wahrscheinlich hat er sich bei all dem Streß nicht so gut gehalten wie die Fliegerin Elly Beinhorn, die uns nun mit ihren vierundsiebzig Jahren in sozusagen alter Frische gegenübersitzt.

Es ist nicht leicht, mit Elly Beinhorn über Elly Beinhorn zu sprechen. Sie braucht kaum mehr als zwei Sätze, um unauffällig das Thema zu wechseln und wieder bei Udet oder Köhl zu landen, bei Amelia Earhart, Jacqueline Auriol oder Marga von Etzdorf. All die berühmten Flieger! Wenn wir nicht aufpassen, erfahren wir von ihr nicht mehr, als daß sie eine robuste, vielbeschäftigte Großmutter ist, die mäßig raucht und trinkt, regelmäßig Auto fährt, aber den Flugschein im vergangenen Jahr unaufgefordert abgegeben hat. »Sie fliegen nicht mehr?« – »Doch, doch. Nicht mehr allein. Es ist besser so. Ich finde, Rühmann sollte auch aufhören. Er ist fast achtzig.«

Auf dem Tisch liegt eine Broschüre für den Schulunterricht, »Bedeutende Frauen unseres Jahrhunderts«, biographische Notizen über Marie Curie, Käthe Kollwitz, Helen Keller, Käthe Dorsch und Elly Beinhorn. Sie fragt: »Finden Sie das nicht auch reichlich übertrieben?«

Sie gibt uns keine Chance, eine Heldin aus ihr zu machen. Ein Ausbund an Bescheidenheit. Ja, sie behauptet nicht einmal, sie sei von einer unstillbaren Flugsehnsucht ergriffen gewesen, wie das bei Fliegern so üblich ist. »Ach was, ich habe als Mädchen nie sehnsüchtig in den Himmel gestarrt, ich habe nie mit klopfendem Herzen Fliegergeschichten verschlungen, das war eine ganz fremde Welt für mich.« In Hannover besuchte sie die Stadttöchterschule, dann das Schiller-Lyceum, das sie vor dem Abitur planlos verließ: eine gewöhnliche Tochter aus besserem Hause. Sie hatte kein Berufsziel, nur ein Traumziel – Afrika. Während sie noch ihre Chancen als Tierfängerin bei Hagenbeck oder Expeditionsfotografin bei der Ufa erwog, wurde sie im Herbst 1928 zu einem Vortrag des Ozeanfliegers Hermann Köhl mitgeschleppt. Sie versprach sich nichts davon.

Köhl war ein kleiner bulliger Mann, der bayerisch sprach. Die norddeutsche Kaufmannstochter verstand ihn so gut, daß sie auf der Stelle beschloß, Fliegerin zu werden. Die Eltern protestierten resigniert, es war nicht die erste Kraftprobe, die Elly gewann. Am 2. November 1928 saß sie in Berlin zum ersten Mal in einem Flugzeug. »Wenn ich nun sagen sollte, daß ich unendlich tief beeindruckt von dem Erlebnis dieses ersten Fluges war, so müßte ich lügen. Es war alles so selbstverständlich ...«

Ebenso selbstverständlich war es, daß die frischgebackene Lizenzinhaberin im grauen Frühjahr 1929 nirgends eine Anstellung fand. Sie war gerade volljährig. Also ab ins Schaugeschäft! Ritter von Greim, der später Großdeutschlands letzter Luftwaffenchef sein sollte, war ihr Kunstfluglehrer in Würzburg. Er schrieb ihr nach der Prüfung »summa cum laude« ins Flugbuch.

Bei den Bayerischen Flugzeugwerken in Augsburg kaufte sie eine gebrauchte M 23, »ein niedliches, weiß-blau lackiertes Maschinchen mit achtzigpferdigem Siemensmotor«. Sie zahlte auf Raten, und die Raten wollte sie sich erfliegen. Sie flog nicht nach Afrika, sondern nach Königsberg. In Königsberg war ein großer Flugtag. Looping nach unten war ihre Spezialität – ein Ding, bei dem man am hellichten Tag die Sterne sieht, wenn man es dreht. Sie startete neben Ernst Udet, dem Jagdflieger, der zwischen den Kriegen eine tolle Nummer als Luftakrobat war, bevor er wieder die Uniform anzog, die ihm zum Verhängnis wurde. »Na, Kleine«, sagte der große Kamerad, ohne die Zigarre aus dem Mund zu nehmen, »hast du dir da nicht etwas viel vorgenommen mit deinem Kunstflugprogramm? Paß auf, daß du nicht auf den Pinsel fällst!«

Ein andermal, in Berlin, wurde er noch gröber: »Gutes Kind, wenn du so weitermachst, wirst du in kürzester Zeit auf die Schnauze fallen. Schade um dich.« Sie war beleidigt. Als sie ein paar Wochen später wirklich auf die Schnauze fiel und sich beinahe unverletzt aus einem Totalschaden hochrappelte, leistete sie ihm telegrafisch Abbitte. Bald wurde Elly Beinhorn genauso groß gedruckt wie Ernst Udet; sie verdiente zweitausend Mark pro Flugtag.

Aber berühmt wurde sie durch ihre Langstreckenflüge. Im Januar 1931 startete sie mit einer Vierzig-PS-Klemm nach Westafrika, wo sie sich einer Expedition anschloß. Sie erfüllte sich ihre verwegensten Jungmädchenträume. Auf dem Rückweg mußte sie am Rand der Sahara notlanden und blieb vier Tage verschollen. »Seien wir ehrlich«, sagt sie heute, »diese Notlandung hat mehr Schlagzeilen gebracht als die vorbildlichste Flugleistung.« Zu Fuß erreichte sie Timbuktu. Sie war dort die einzige weiße Frau und fand es ebenso verwirrend wie wunderbar. Das Flugzeug mußte aufgegeben werden.

Als sie wieder daheim war, hielt sie in der Stadthalle von Hannover einen Vortrag über die abenteuerliche Reise. Da erst fiel ihre Mutter, die in der ersten Reihe saß, in Ohnmacht. Ende des Jahres saß sie schon wieder in einer Klemm, die diesmal achtzig PS hatte, und knüppelte gen Osten. Indien war ihr Ziel. Aber dann flog sie einfach weiter nach Australien – so leicht klingt das, wenn man Elly Beinhorn erzählen läßt. Daß sie auf dem Rückweg noch ein wenig in Südamerika herumflog, versteht sich fast von selbst. Am Ende hatte sie die Welt umrundet.

Sie war leichtsinnig und erfolgreich. Der Lufthansapilot Rudolf Braunburg hat vor ein paar Jahren die Hände über dem Kopf zusammengeschlagen, als er ihre Biographie »Alleinflug« las: So was von Glück – sie hätte zehnmal tot sein können. Im Jahre 1932 erhielt sie aus der Hand des greisen Stifters den begehrten Hindenburg-Pokal, die höchste Auszeichnung, die ein Sportflieger damals erringen konnte. Sie kassierte zehntausend Reichsmark und war auf einmal schuldenfrei.

Die große Leistung Elly Beinhorns bestand nicht darin, daß sie Weltrekorde über den Haufen geworfen oder sonstwie Luftfahrtgeschichte gemacht hätte, sie bestand darin, daß eine junge Frau in den dreißiger Jahren alle Sicherheitsgurte der Konvention öffnete, sich im Flugzeug anschnallte und einfach tat, was sie wollte. Nebenbei hat sie gezeigt, was man mit kleinen Flugzeugen alles anstellen kann. Mit der Me 108 »Taifun«, ihrer Lieblingsmaschine, raste sie an einem Tag nach Asien und zurück. Die großen Sprünge, die sie tat, verschafften ihr Millionen Bewunderer. Eine Generation von Backfischen himmelte die Weltfliegerin an.

»Und Angst? Hatten Sie nie Angst, in Afrika oder Asien gewalttätigen Leuten in die Hände zu fallen, Kidnappern oder Menschenfressern oder so?« – »Nein, nie. Wir hatten damals noch grenzenloses Vertrauen in die Menschen. Ich bin nicht enttäuscht worden. Mir tun die jungen Leute heute leid, die voller Mißtrauen und Angst in die Welt hinausgehen müssen.«

Elly Beinhorn hatte das Glück, in eine Epoche des ganz großen Aufbruchs hinein zu starten. Flieger machten die Erde klein. Sie traten den Beweis an, daß die Kontinente nicht mehr Monate und Wochen, sondern nur noch Tage und Stunden auseinander lagen. 1927 war Lindbergh nonstop von New York nach Paris geflogen, 1928 hatte Köhl seine triumphale Bruchlandung in Labrador gemacht. Der Australier Kingsford-Smith schaffte den Pazifik. Er ist später verschollen, wie Amelia Earhart, die Amerikanerin, die als erste Frau über den Atlantik kam. Der »Graf Zeppelin« war rund um die Welt gefahren, und Wolfgang von Gronau hatte seinen Dornier-Wal in den Hafen von New York gesetzt. Die Begeisterungswellen, die einen Pionierflieger jener Jahre überrollten, schlugen so hoch, wie es heutzutage allenfalls beim Gewinn einer Fußballweltmeisterschaft vorkommt. Die kommerziellen Fluggesellschaften fingen an, interkontinental zu denken.

Im Dritten Reich änderte sich nichts für Elly Beinhorn. Sie

lebte von Vorträgen und Reportagen. Sie flog noch mal nach Afrika und Amerika. Sie genoß die Wechselbäder des Flugabenteuers, Publikumsrummel und Himmelseinsamkeit. 1936 meldeten die Zeitungen: Elly Beinhorn heiratet Bernd Rosemeyer. »Nichts falscher als das! Ich habe nicht ihn, er hat mich geheiratet.« Die passionierte Alleinfliegerin Elly Beinhorn war neunundzwanzig Jahre alt, als sie zum ersten Mal einen Mann traf, dem sie sich unterordnete. Bernd Rosemeyer stand am Beginn seiner Rennfahrerkarriere. Elly und Bernd, das tapfere Mädel aus den Lüften und der strahlende Stern der Rennpisten, waren das Traumpaar des Jahres, das manches großdeutsche Herz schneller schlagen ließ.

Genaugenommen war 1936 das Jahr, in dem die Fliegerin Elly Beinhorn von der Weltbühne abtrat und Frau Rosemeyer wurde. Bernd Rosemeyer fuhr von Sieg zu Sieg. Er überflügelte seine Frau. Er lernte fliegen. Das Traumehepaar besaß zwei Flugzeuge und drei Autos. Rosemeyers Fünf-Liter-Horch hieß »Manuela«. 1937 wurde ihr Sohn Bernd geboren. Wenn die nüchterne Elly Beinhorn in ihrem Leben überhaupt etwas verklärt, so ist es diese kurze, glückliche Ehe mit Bernd Rosemeyer, die so abrupt zu Ende ging. Am 28. Januar 1938 ist Bernd Rosemeyer bei einem Rekordversuch auf der Autobahn Frankfurt–Darmstadt mit mehr als 400 km/st tödlich verunglückt.

Sie setzte ihm mit einem Buch ein Denkmal: »Mein Mann, der Rennfahrer«. Es war ihr bisher größter Erfolg. Elly Beinhorn über Bernd Rosemeyer: »Er war ein Mensch, bei dem das Publikum spürte, daß er ein Idealist war« – »Sein Können war so viel bedeutender als meines« – »Ich habe nie damit gerechnet, daß ihm etwas passieren könnte«. An ihrer Tür in München steht »Rosemeyer-Beinhorn«.

Sie flog weiter, aber alles, was danach kam, war nicht neu, es war wie ein aufgewärmtes Abenteuer. Vor dem Krieg startete sie noch einmal nach Asien, wo ihr jedermann sagte: Ihr Deutschen schlagt ja wohl bald los!, was sie nicht glauben wollte. 1942 heiratete sie zum zweiten Mal, einen Industrievertreter, und sie bekam ein zweites Kind, Steffi. Elly Beinhorn, die Individualistin, die zum Prototypen des unabhängigen, die Welt erobernden Privatpiloten geworden war, erlebte den neuen Weltkrieg als Hausfrau, nicht ohne Sorge, wie alle, die Familie hatten und das Ende herbeisehnten. Sie hatte weder die schwärmerische Begeisterung der Hanna Reitsch noch die selbstzerstörerische Verbissenheit der Marga von Etzdorf.

Sie ist nicht nur ein Ausbund an Bescheidenheit, sie ist auch ein Muster an Offenheit. »Selbstverständlich wäre ich im Krieg für Deutschland geflogen, wenn ich nicht die Kinder gehabt hätte.« Ernst Udets Schicksal ging ihr unter die Haut. Der gute alte Udlinger, in dem soviel Frohsinn und Depression steckten! Er hatte seinen Selbstmord oft angekündigt, und sie hatten es ihm nie geglaubt. Er bekam eines dieser verlogenen Staatsbegräbnisse.

Nach dem Weltuntergang durften die Deutschen wieder nicht fliegen. Elly Beinhorn machte in der Schweiz noch einmal den Flugschein und startete schon Anfang der fünfziger Jahre als »fliegende Reporterin« für eine Illustrierte. Sie gab es auf, als sie merkte, daß ihre Berichte ganz anders aus der Druckerpresse kamen, als sie abgeliefert worden waren. Sie knüpfte an ihre früheren Erfolge an. Flog wieder nach Australien, aber nicht mehr allein, startete bei vielen Wettbewerben und wurde überall wohlwollend gefeiert. Sie erkannte, daß eine neue Zeit angebrochen war. Eine Zeit, in der die berüchtigte Timorsee, die himmelhohen Anden und die lebensfeindliche Sahara für Flieger nur noch eine kitzlige Herausforderung, aber keine Schicksalslandschaften mehr waren.

Sie lebt allein. »Nun bin ich wie früher wieder ein Ein-Mann-Betrieb. Ich brauche das auch: Alleinsein.« Sie war nie irgendwo angestellt und hat sich dieses Stück Freiheit erhalten. »Von den Büchern allein könnte ich nicht leben. Vor ein paar Jahren habe ich mir eine Rente gekauft. Eine der besten Unternehmungen meines Lebens.« Eine patente Frau, die im Handumdrehen einen Vergaser auseinandernehmen, einen Erlebnisbericht tippen oder einen Gurkensalat zubereiten kann. Mag ihren Büchern auch der göttliche Funke fehlen, so haben sie doch menschlichen Atem. Die Landschaften, die sie schildert, sind blaß, die Menschen voller Farbe.

Sie verehrt Antoine de Saint-Exupéry als einen begnadeten Dichter, obwohl sie ihn als überheblichen Gast des Reichsaußenministers von Ribbentrop in Berlin kennenlernte, die Zigarette im Mundwinkel, ihr gelangweilt eine kraftlose, schwammige Pfote reichend. Aber hat er nicht den Kleinen Prinzen geschrieben?

Bernd Rosemeyer jr., der zu ihrer Erleichterung nicht dem Rennsport verfiel, ist Orthopädie-Professor in München, verheiratet mit einer Tochter von Luise Ullrich. Auch Steffi, die einen Chirurgen zum Mann hat, lebt in München. Der vierfachen Großmutter Elly Beinhorn bleibt nichts anderes übrig, als in ihrer lärmenden, anspruchsvollen Nachkommenschaft aufzugehen, als Oma zu reüssieren und als rasantestes Mädel einer vergangenen Zeit verspätete Interviews zu geben.